# ブタとのあいだ

小泉吉宏

メディアファクトリー

# 序 あいだに何が？

『ブとタのあいだ』というタイトルを見て、「ツ」じゃないかと思われる方は、僕の本を読んだことがあるのかな。僕は『ブッタとシッタカブッタ』という、人の不安をどう解消したらいいかというマンガのシリーズを描いている。このシリーズにはお釈迦《しゃか》様に似たキャラクターが登場していて、それがブッタ。ブタのブッダだからブッタ。以前フランスで、ドイツ人の編集者にその説明をしたら涙を流して笑ってくれた。一方、シッタカ

ブッタというブタもいて、人生をあれこれ考えるキャラクターとして登場している。

この『ブとタのあいだ』でも、シッタカブッタと一緒に人生をあれこれ考えて、心がちょっと楽になる話をしていこうと思う。それが楽しい読みものになったらうれしい。

さて、どうして『ブとタのあいだ』というタイトルか？

何年か前、僕の高校時代の仲間たちが集まるというので、違うクラスだったけどささやかな同級会に混ぜてもらったことがある。このとき、最近この会に出席しないA君を呼ぼうという話になった。「コイズミ、お前が呼べば来るから、電話しろよ」と集まった連中が言う。A君は、インドで聖者と呼ばれる男を崇拝《すうはい》していると聞いた。そのため彼は「俗《ぞく》にまみれた連中のいる会には行きたくない」と言っているらしい。僕は彼に会いたかったから電話してみた。電話で「おいでよ」と半《なか》ば強引に誘った。彼は来てくれた。来てくれたことで僕はとても嬉《うれ》しく思った。ただ居心地が悪そうな彼を見て、申し訳ない気持ちになった。彼の気持ちもわからなくはない。静かな気持ちでいたいんだろう。その会に集まっている連中は、人はいいが酒を飲めばへべれけになる奴や、女のコと遊んじゃうこともしちゃう奴とか、A君の理想としている品行方正な輩《やから》ばかりじゃなかった。ただそのとき僕は思ったんだ。「聖と俗を分けて見ていて、A君は本質が見えているんだろうか」って。

僕たちは表を見ているとき、裏側を見ることができない。右の方向を見ているとき、左の方向を見ることができない。聖ばかりを見つめていると聖と俗を超えた聖が見えない。それに、聖と俗の境目ってどこにあるんだろうか。誰が決めるんだろうか。

「白黒はっきりさせろよ」という人がいる。この世の現象は全て白黒はっきりするだろうか。白と黒のあいだの灰色は無限にある。

「あの人がみんな悪いのよ」

こんな言葉も聞かれる。善悪の境目はどこにある？　善の顔をした悪ってないだろうか？　善悪はどこから生まれてくると思う？　誰が決めていると思う？

「ブタ」の「ブ」と「タ」のあいだには何があるか？　これはある意味、象徴表現なんだけど、ブを表としてタを裏としてもいい。ブを右としてもいいし、タを左としてもいい。表と裏のあいだには何があるか？　右と左のあいだには何があるか？　好きと嫌いのあいだには？　吸う息と吐く息とのあいだには？　何もないとも思えるし、何かあるとも思える。僕はこの真ん中にあるともないともいえるものを見ることが、心を安らかにする「楽」への道だと思っている。

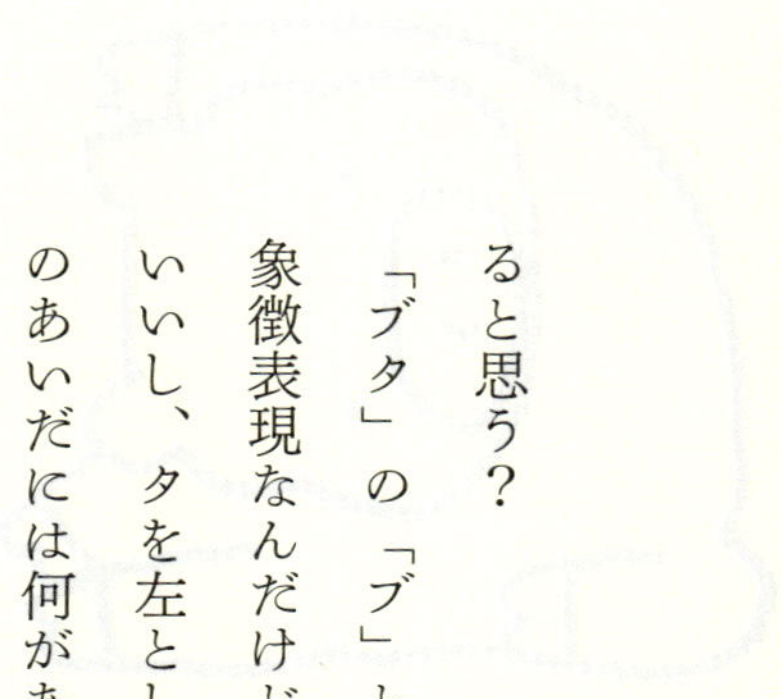

# 「むずかしい」と「やさしい」

心の底から安心するのはむずかしいですか？
むずかしくもないしやさしくもない
安心することを目的にしちまったらやさしいかむずかしいかのどっちかだ
え〜わかんない…
わかろうとするのをやめれば安心が見えるよ

もくじ

ブとタのあいだ

# 知るという方法

思うんだけど、人の不安をなくして心を楽にする方法はふたつある。

その① 自分と自分の未来を「信じきる」こと。

その② 人生とは何か、自分とは何か、自分が生きているこの世界とは何かということを、ちゃんと「知ること」「気づくこと」。

①の「信じきる」という方法は、妄信《もうしん》してしまうという弊害《へいがい》がある。一方②の「知る」という方法にも問題がある。ものすごい空腹とか、我慢《がまん》で

きないほど暑かったり寒かったり、目が回るほど忙しかったり、思考《しこう》ができない状態では正しく気づくことができない。つまり、知ることができないという問題があるのだ。ま、気づくときは一瞬だけどね。

今回は「知る」ということについて書こうと思う。

僕が生んだキャラクター「シッタカブッタ」は失恋して傷つき、悩めるブタとしてデビューした。若い頃の恋愛って、人間関係の練習になると思う。それでそういう設定にした。

一度の失恋がこの世の終わりのように感じてしまう人がいる。若い読者のみなさーん、そんなことはないから安心して恋愛も失恋もしてください。

僕も若いころは、恋愛だけじゃなく些《さ》細《さい》なことを気にして不安になったりボロボロに傷ついたものだけど、年をとるとだんだん立ち直りが早くなり、悩みに振り回されなくなった。経験から、今起きている辛《つら》いことではこの世は終わらないと知ったからだ。僕の知り合いの女性は失恋して「もう生きていけない」と泣きじゃくっていた。ところが四日後にニコニコしていたのでワケを訊《き》くと、「新しいカレシができたよ～ん」だと。

経験がすべてじゃないけど、「知る」ことは大切みたいだ。道だって知らないと迷ってしまう。ただ、情報として知っているだけでは身につかないだろう。身についていない知識は応用がきかない。小学校時代の鉄棒の足掛け上がりのことを思い出してもらいたい。左足もしくは右足を鉄棒にひっかけて、反対側の足を前に蹴《け》りだし、戻ってくる反動と遠心力《えんしんりょく》を利用して体全体を鉄棒の上にあげる……なんてコツを情報で与えても、みんなができるわけじゃない。人生に対するものの見方も経験しなきゃ身につかないし、応用もきかない。痛い思いをすると案外身につくものだ。失恋をおそれるなかれ。失恋すれば詩や小説が書けるかもしれないし、人生が見えるかもしれない。もし失恋しなかったら……、そりゃもうけものだ。

自分とはこういうものだ、人生ってこういうものだって気がつけば、やたらなことには振り回されなくなる。僕も読者からの手紙に（一年に一、二通くらいはあるんだけど）「最低の作品です」と書かれていても、昔ほどは傷つかなくなった。ははは。

悩みの根っこが見えても見えなくても、人生は続く。どうせ続くなら、しんどいより楽がいい。楽っていっても苦しみからただ逃げていたら、ツケは後でどんどん増えて戻ってくる。本当に楽になるには、自分や自分の人生と向き合って、知って、気づくこと。それは簡単なことじゃないかもしれないけど、追い追い話していくね。

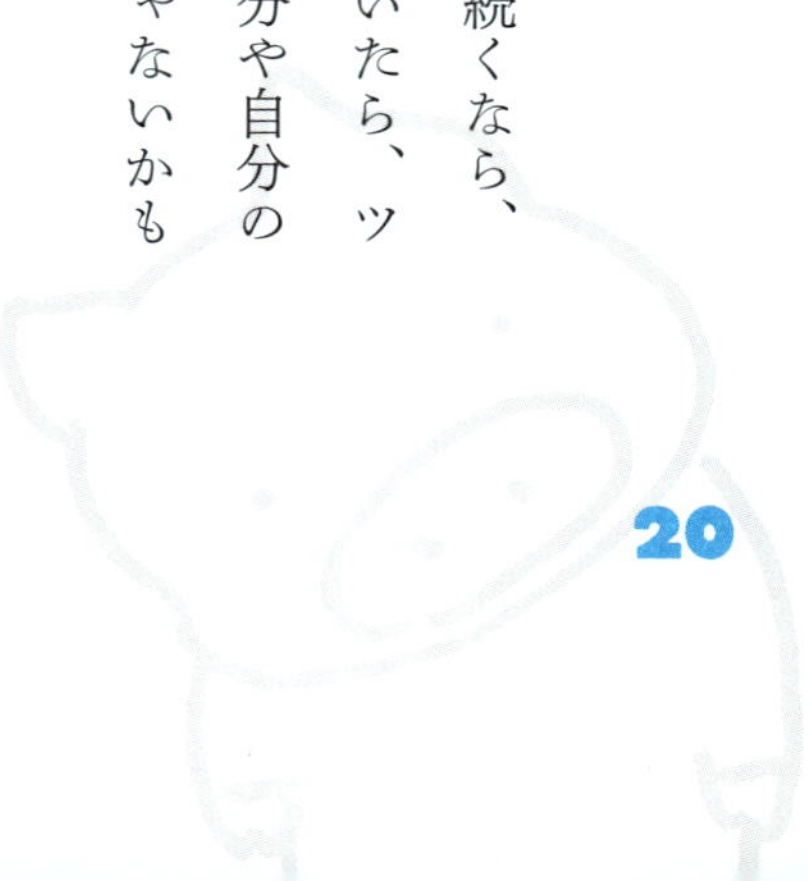

20

# 一瞬でやせたブタになる

# わかる

わかったと思うことは、わからなくなることなんだ……と書くと、ややこしくてびっくりするかなぁ。

僕はずっと以前、いわゆる横文字商売と呼ばれる仕事に就《つ》いていた。テレビのＣＭディレクターをしたり、コピーライターをしていた。都会の真ん中ではカッコいいともてはやされることもあったが、この業界を知らない人から奇異《きい》な目で見られることもあった。

一緒に仕事をしていたグラフィックデザイナーは、恋人の父上から門前《もんぜん》払《ばら》いをくらって別れさせられた。「初めて会ったのに『デザイナーなんてワケわからん仕事をしている奴に、うちの娘をやるわけにはいかん』って言われちゃったんですよぉ」と彼は肩を落として、出張先の大阪駅でいきなり僕に告白した。彼の名誉の為に言うけどワケわからんヤツではありません。とても優しくて仕事ができるデザイナーです。

僕もいわゆる固い職業の人たちからパンクな服を理解してもらえなかったし、ある商社の人からはフリーランスという立場も理解してもらえなかった。「いっぱしの会社に勤めていない奴は人生の落伍《らくご》者《しゃ》だ」と思っている驚くべき人生観の持ち主とも会ったことがある。

こんな話はあちこちに転がっている。

市役所に勤めている人は頭が固いとか、政治家は金に汚いとか、広告会社の人は軽い人が多いとか、作家やアーティストは偏屈《へんくつ》だとか（まあ、偏屈だったり変人だったりする人は実際いるんだろうけど）、世の中の人は自分勝手なイメージを職業に対して持っているようで、トラブルの元になることもある。パターンでものを見るというのはわかりやすいんだろう。でも服装や職業のイメージで人を判断したり、血液型性格占《うらな》いや星占いのパターンにはめ込んで他人のことを判断するのは、とても怖いことだと思う。

「わかったと思うことは、わからなくなることだ」と最初に言ったのはこういうことだ。「他人をそんな風に判断してないよ」という人も、人間の思考の癖《くせ》というのを知っておいた方がいいと思う。人は、ものごとをわかりやすく捉えようとしたがる。でも、わかったと思った瞬間から見なくなってしまう一面があることに気づかないものなんだ。

例えば誰かを好きになったとする。でも相手が「あんたのこと嫌いだよ」と、自分のことを気に入ってくれなかったら、あるいは自分の期待像と違っていたら、「えー、あんな人だったの。大っ嫌い！」と、その相手のことを憎んだり幻滅《げんめつ》したりする。もともと関心を持たなければ好きも嫌いもなかったはずなのに。好きになることで嫌いの種が同時に入ってくる。でも、好きになったときはそれに気づかない。また自分が正義と思えば、

相手を悪だと決めつけてしまうことになる。「神よ、敵を倒したまえ」と唱《とな》えれば、自分と自分の神の中に悪魔が滑《すべ》り込んでくることに気づかない。生まれたから死ぬんだし、出会ったから別れが来る。両方を理解することで、人は人生を理解するみたいだ。

わかったと思ったとき、見なくなってしまうことがいっぱいあるってことを、人間は知ったほうがいい。そしたらみんな、謙虚《けんきょ》になるのにね。

# あー、損した

あ〜〜損したよ〜〜

どーした？

昨日テレビ買ったんだけど別の店で今日見たら二千円も安いんだよ〜

そりゃ損したなあ…

あ〜〜損した損した…くそ〜〜

イライラ
A電機の株で三百万もうかったんだけどB電機だったら三百五十万もうかっていたのに〜〜

損してないじゃん…

# 全体を見る

「わかったと思うことは、わからなくなることだ」と前章で語った。僕たちは部分を見ているだけなのに、つい全体を理解していると思い込む。ある面をわかったと思っても、別の面を見《み》逃《のが》してしまう。

サッカーのテレビ中継で解説者がよく語る。

「左のスペースが開いていたのに……」

プレーしている選手がゲーム全体を見るのは難しい。観戦している僕た

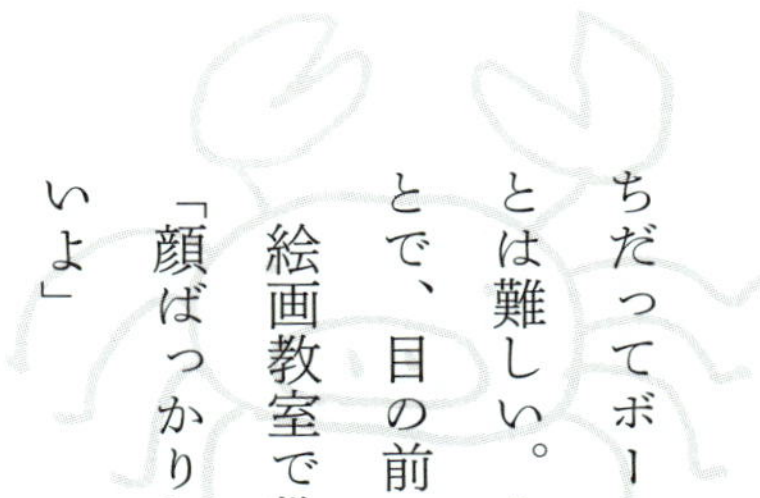

ちだってボールに絡《から》んでいる選手を見ていると、他の選手の動きを見ることは難しい。まして初心者のプレーヤーはボールをなんとかするのがやっとで、目の前のボールしか見えない。

絵画教室で教師がこう語る。

「顔ばっかりしっかり描いているけど、この人、ちゃんと地面に立ってないよ」

デッサンの初心者は、つい部分ばかり見て描いてしまう。頭を描くときは胸と腰と足とのバランスを、前を描くときは後ろを考えながら描かなければならない。部分ばかり見ていると全体の形を把握《はあく》するのは難しい。

全体がよく見えるサッカー選手はいいプレーをするし、全体がよく見え

る絵描きはいいデッサンを描く。

僕たちのほとんどは、ついつい目の前のことにしがみついてしまう。生活、恋愛、社会的な営《いとな》み、お金を稼《かせ》ぐこと、恋人や友達とのトラブルの対《たい》処《しょ》などなど。ひとつひとつは大切なことだけど、囚《とら》われてしまうと、生きることの「全体」が見えなくなる。それなのに目の前に起こっている小さな出来事で、人生全体を理解しようとしてしまう。

よくあることだが、一人の異性にひどい扱いをされたからって、「もう男なんて信じない」とか「女なんてみんな最低だ」とか、男性全部、女性全部をひとくくりに見てしまう。数回仕事がうまくいかなくて、「もう人生ダメだ」と思い込む。それは大根の葉っぱを生で食べて、まずいからと

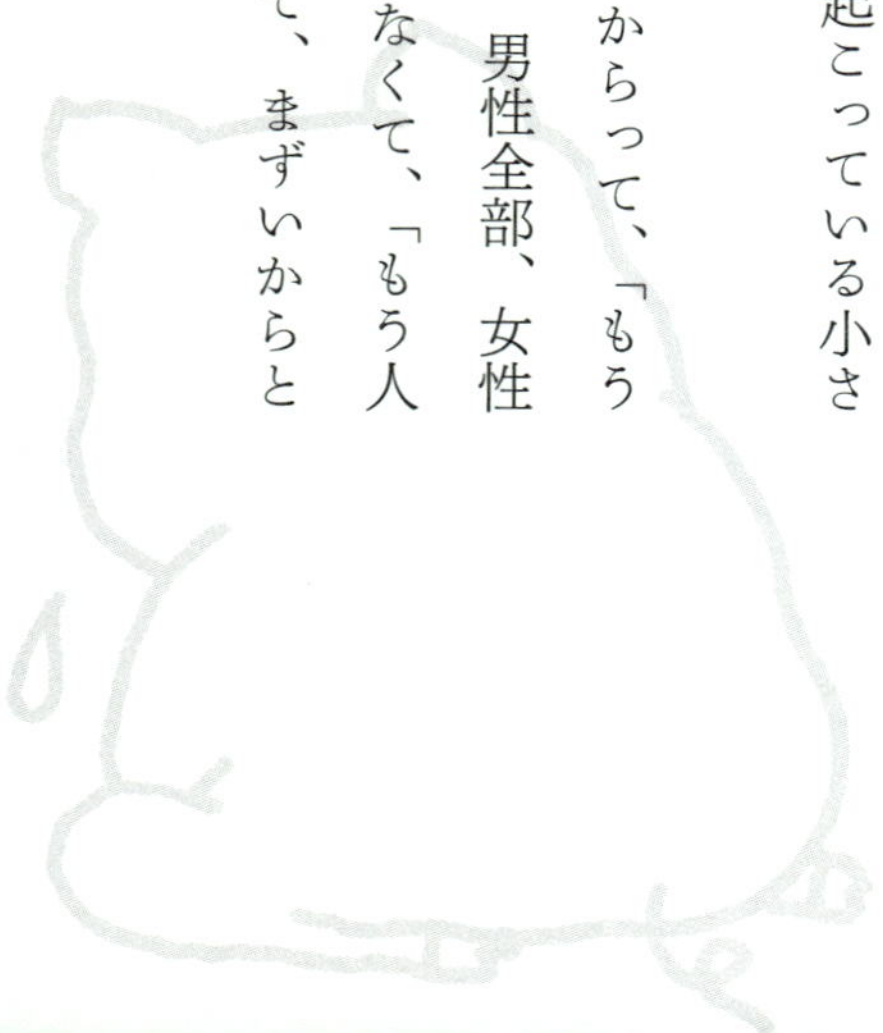

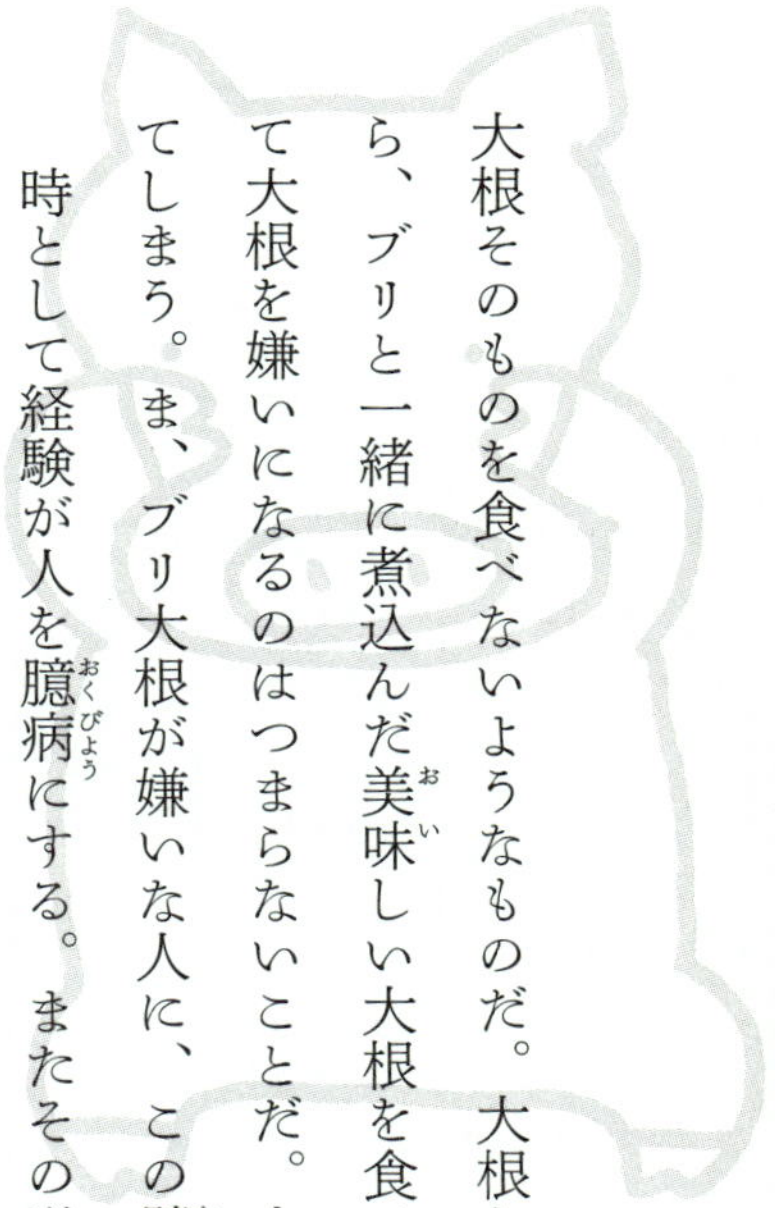

大根そのものを食べないようなものだ。大根を食べないと決めてかかったら、ブリと一緒に煮込んだ美味《おい》しい大根を食べられない。葉っぱだけ食べて大根を嫌いになるのはつまらないことだ。人生に対しても同じことをしてしまう。ま、ブリ大根が嫌いな人に、この譬《たと》えは通じないか。

時として経験が人を臆病《おくびょう》にする。またその逆もある。人生はそんなに単純なものではないのに。恋は毎回相手が違うんだし、一度うまくいったからといって、同じ方法で次がうまくいくとは限らない。

それに僕がここで言う「人生の全体」というのは、人生を時間軸で捉《とら》えて、一生のことを全体と言っているわけではない。今、この瞬間の人生全体のことなんだ。

その人生全体を理解すること。それが、大切だと思う。起きていることを評価を入れないでまず見ること。それが大切。

評価すると、誰かや何かと比較することになる。比較すると、正しくものごとを見られない。また評価とはレッテルを貼《は》ることだ。レッテルを貼れば、見えない部分をつくってしまう。見えない部分をつくれば全体は見えない。

人生を全体で捉えるということは、自分に気づき、ただ、そのまま生きることなんだ。

# 全体が見えないブタ

ここから先
竜の森
猛竜に注意!!
ふん 竜なぞ こわく ないわ!
なんだ こんな やつ
このやろ このやろ このやろ!!
どうだっ よわっちぃ やつめ!

# 自分に失望する人

『マイ・ライフ・アズ・ア・ドッグ』という、過《か》酷《こく》な人生を生きる少年を描いた映画がある。

僕の好きな映画のひとつだけど、その主人公の少年が辛《つら》いときに言う口癖がある。

「ライカ犬に比べれば、まだましさ」

ライカ犬というのは、旧ソ連のロケットで打ち上げられた実験用の犬のこと。宇宙空間に飛び出した生物の肉体がどう反応するかというデータをとる目的で打ち上げられた。データは地球に送信されたが、ライカ犬は地球に戻されなかった。自らの運命を知らぬまま犬は宇宙の彼方《かなた》へ消えてしまったのだ。少年の言葉は、「そのライカ犬に比べたら自分の人生はまだ幸福な方だ」という意味の独《ひと》り言だ。

少年はそうやって自分を慰《なぐさ》めているのだけど、この台詞《せりふ》は幸福と不幸の関係を暗示している。そうなんだ、人は比べることで不幸になったり幸福になったりするんだ。

まず他の人と比べて自分が不幸だと思ったりする。受験に失敗したときや、好きな人が自分じゃない人に恋してるとわかったときは、合格した人や、恋敵《こいがたき》より不幸だと思ってしまう。

また他の人と比べるだけでなく、過去の自分と今の自分を比べて幸福か不幸かを判断している。本当においしいパスタを知ってしまうと、以前おいしいと思っていたレストランのパスタを食べても幸福感を味わえなくなるよね。おいしいパスタも慣れてしまうと、はじめて食べたときほどの幸福感はなくなっちゃう。

失恋すると、昨日までの楽しかった自分と比べて今日は不幸だと思ってしまう。でも新しい恋が始まると、失恋していた昨日より今日が幸福になっちゃう。

幸福と不幸はそうやって感じている。それはいいとか悪いとかの問題じゃない。

気をつけたいのは、他の人と比べて、自分が高い所に立とうとする心だ。

――僕はあいつよりは仕事ができる。

――わたしはあの人よりは美人よ。

――わたしはあの人ほど人に迷惑をかけていないわ。

――僕はあいつよりたくさん辛い目にあったから、あいつより大人だ。

こういう人は、心の底で自分に失望していて、他人をけなすことで心のバランスを保とうとしているみたいだ。他人を自分より低く見ると、自分に価値《かち》があると思えてくる。それに他人をけなしている間は自分を見つめなくてすむからね。自分を見ることから逃げていることにも気づかない。

こんなことをしていたら、本当の意味で自分を好きになることがいつまでもできないだろうし、他人と自分の関係性をうまくつくれないと思う。自分を愛せない人が、他の人を愛することはムズカしいと思うんだ。さらに辛くなるんじゃないかな。

自分に失望する心はどこから生まれるかというと、自分の理想の価値観や、他の人から好かれたいと思う気持ちから生まれるんだろう。自分で自分を好きになるのに、理想や、好かれたい気持ちは必要なんだろうか。

自分を見つめて、そのまんまの自分が見えたとき、自分のほんとうの価値が見えて、安心という感覚がやってくると思う。

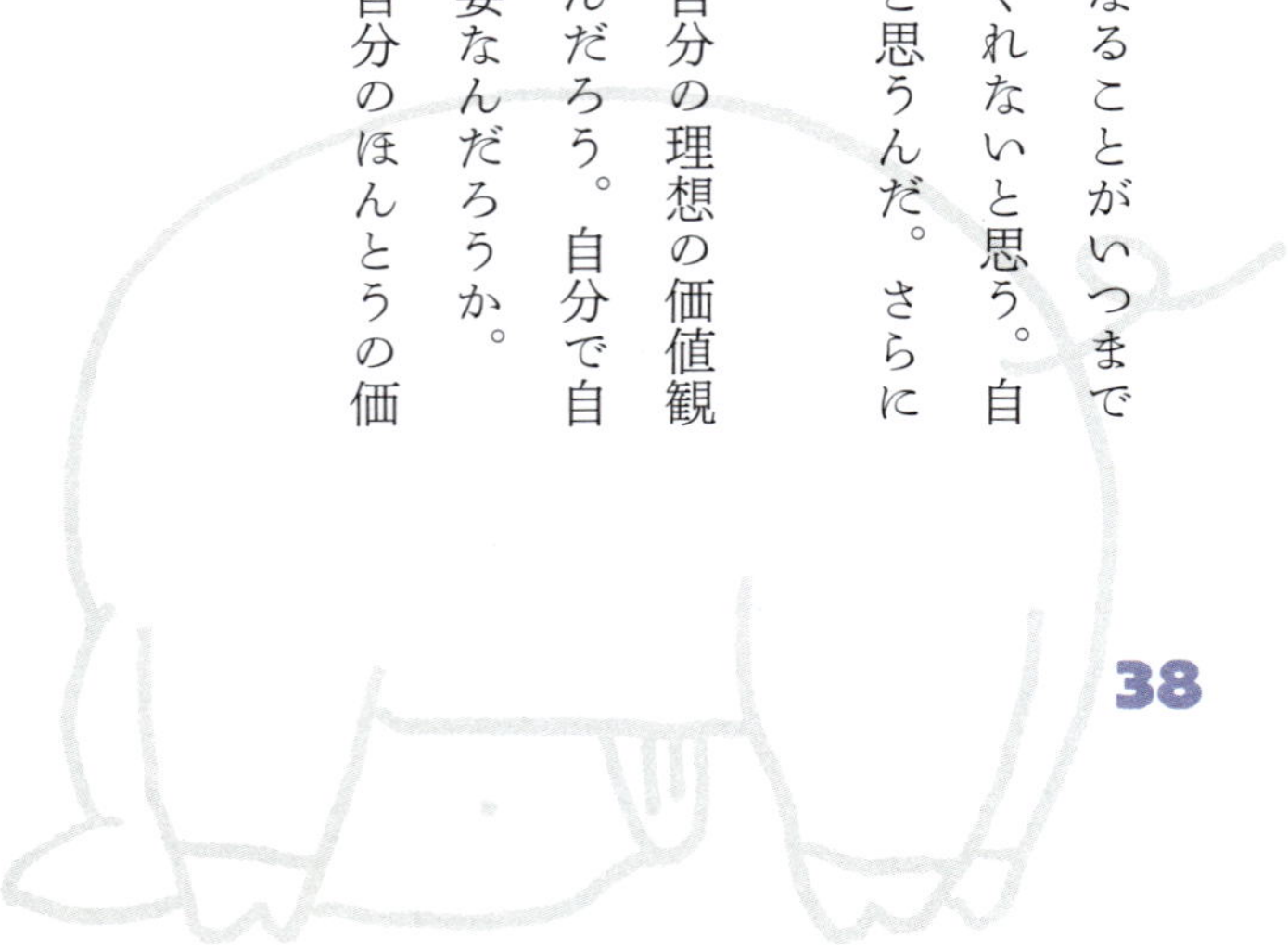

# 優越と劣等

やー〜い
地味だなあ
いいじゃないか
地味だって
ハデな方がもてるんだよ
そんなんじゃ子孫を残せないぜ
バクッ!
見つけやすいエサだったなあ……

# 比較する癖

不幸だと思う気持ちってどこから来るんだろう。前の章で言ったように、基本的には自分自身が生み出しているようだ。

不幸の苦しみを生み出すのが自分なら、不幸の苦しみを和らげたり楽にしたりするのも自分なんだ。苦しみを見つめて、苦しみをつくっている基本が自分だと体全体で知ることができたら、きっと泣いちゃうかもしれないけれど、なぜか一瞬で楽になるんだ。

「苦しみの元は自分だってことぐらい、わかってるよ」

そう言うのは簡単。でも心のどこかで苦しみは、誰かや、自分じゃない何かがもたらしていると思っている場合が多い。本当に心と体全部で理解したら、すとんと、おなかのあたりに「理解」が収まってくる。

「今日の彼、なんだか冷たかった。彼、心変わりしたみたい……彼のせいで、わたし何も手につかない……」

「このところ仕事がうまくいかない。やっぱりこの仕事向いてないのかな……」

彼がわたしに苦しみをもたらしている？　仕事がわたしに苦しみをもたらしている？

今日の彼が冷たく感じたということは、昨日までの彼と比べて冷たく感じる……。このところ仕事がうまくいかないということは、以前と比べてうまくいかない……。前回語ったように、比較するという誰もが持っている心の癖が、苦しいという感覚を生み出しているようだ。

あいつより僕は背が低い。あいつより僕はスポーツが得意じゃない。あの人よりチャンスに恵まれていない。あのコよりわたしは美人じゃない。あのコみたいに上司とうまくやっていけない。

誰かと比べて自分が幸福か不幸かを判断しようとしても、誰かより幸福か不幸かなんて判断できない。だって自分以外の人の心は分からないから。幸福や不幸と感じる基準は人によって違うから。また今が幸せか不幸かを、過去の自分と今の自分を比べて判断してしまう。つい、よかったときの自分と比べてしまう。よかったときがあるから今が辛く感じる。よかったという感覚も過去の感覚だ。そんなあてにならないものに振り回されるのは疲れるだけだ。

以前あの人は自分に優しかった、今も優しい。だから今後もずっと優しいだろうと期待する。実はそう思うことが苦しみを生み出していることに気がつかない。今の幸せがずっと続くだろうと期待する。そう思うことが苦しみを生み出している。

期待するのがいいとか悪いとか言っているわけではない。そういう心の仕組みになっているというだけだ。

僕は若い頃バスケットリングを握ることが出来るくらいジャンプ力があったけど、今は出来ない。かといって不幸だとは思わない。そんなことを不幸だって思ってたら、老人はみんな不幸になっちゃう。

心の仕組みを知れば、心の準備も出来る。

うまくいっていたことが、うまくいかなくなることもあるのが人生。逆にうまくいっていなかったことが、うまくいくようになることがあるのも人生だよね。

# 幸と不幸

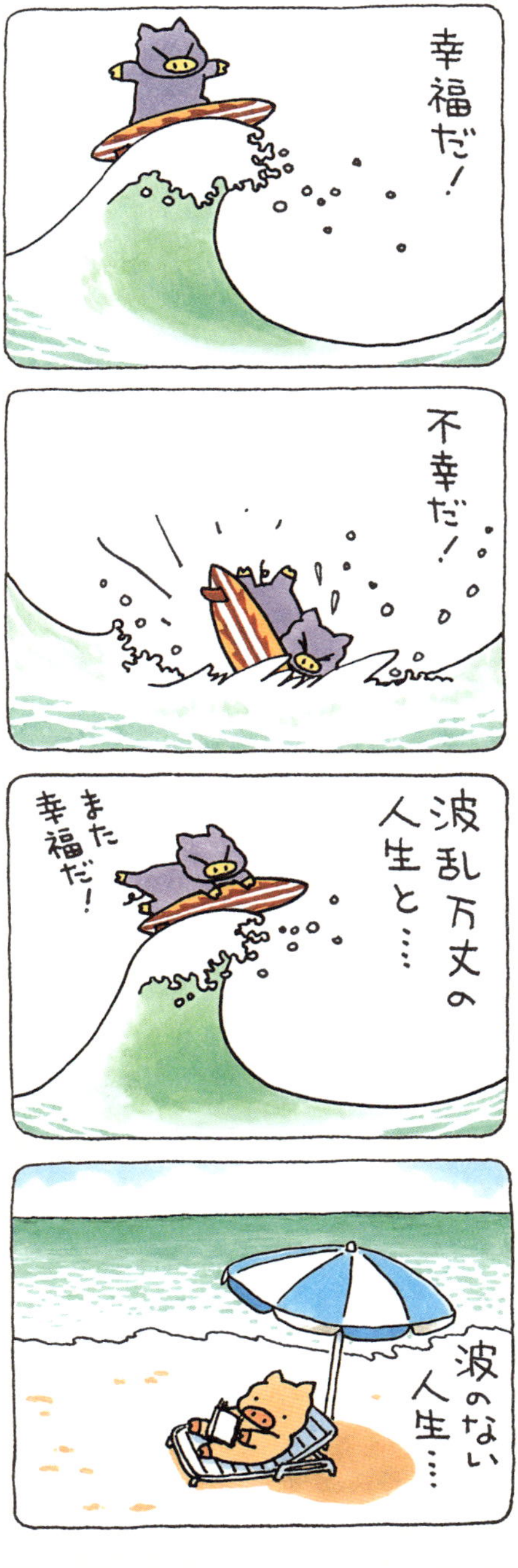
幸福だ！
不幸だ！
波乱万丈の人生と……
また幸福だ！
波のない人生……

# 幸福の発明

そもそも幸福という概念《がいねん》を発明したのは誰なんだろう。

犬は幸福になりたいと思っているか。幸福を感じているか。そんなことは犬に訊《き》いてみなくちゃわかんないけど、犬は答えてくれない。犬は幸福なんて言葉を知らなければ、概念も知らない。「お手」とか「おすわり」という言葉を理解できても、幸福という抽象的《ちゅうしょうてき》な言葉は理解できない。言葉を知らないと認識されないという例が、いくつかある。

中国の南西部に、母もおばも母のいとこもすべて、「母」という意味の言葉「アミ」で呼ぶ少数民族がいる。さらに彼らには父という意味にあたる言葉がない。子どもの誕生はすべて女性だけの功績《こうせき》で、男性も関わるという認識がこの民族の社会ではなかったらしい。子どもは初めから女性のお腹《なか》の中にあるというのだ。この民族は通《かよ》い婚で、父親は一緒には住んでいない。母方のおじが一緒に住んで子どもの世話をする。父親が重要じゃないから「父」にあたる言葉が生まれなかった。だから子どもたちには父という概念が薄い。「アウー」という言葉はあるが、それは母方のおじと母の配偶者《はいぐうしゃ》の両方を意味している。

英語で兄弟は、兄も弟も「brother」。言語が発生した当時、長男だろう

と三男だろうと、重要じゃない社会だったのだろう。「兄」「弟」という言葉を知らなければ、兄弟の歳の上下の価値意識は薄れる。

また、虹の色は日本では七色と言われるが、五色だという国もある。その国の人たちは虹の中に五色以上の色を認識しないという。

そこで犬の幸福。犬が幸福という言葉を理解したら、幸福を求めるだろう。そもそも幸福なんて言葉を知って、未来に求めようとするから不幸がやってくるんじゃないかな。幸福と不幸はワンセットなんだから。

原始時代、ヒトがまだ言葉を持たなかった頃、おだやかな気分を感じることはあっただろう。おいしいものを食べた満足感はあっただろう。そうした欲求は、おいしいものを食べれば満足したし、のんびりしていればおだやかでいられた。でも、金銭の追求や有名欲など、際限《さいげん》のない追求はなかったはずだ。

幸福なんて言葉を知らなかった幼い頃は無邪気だった。こうすれば幸福になるなんてビジョンを持っていなかった。だって幸福はなるものじゃなかったから。楽しいことと、いやなことはあった。でも幸福や不幸という言葉を知らなかったから、幸福を追求するために何かしようなんて考えなかった。子ども時代の日々は、幸福を感じようとするのではなく、ただ幸福だったのだ。

そこで気がついた。幸福を感じることと、幸福であることは別のことであると。

僕たちは、幸福という概念を感じているわけではない。また幸福を目的としているわけではない。幸福を感じようと思うと、幸福を追求することになる。未来に幸福を追い求めると、人は際限がなくなる。幸福であることは、未来ではなく、現在だ。幸福とは感じるというより、気がつくこと。

幸福とは、ただ、「ある」ことなんだ。

## 犬は「幸福」を理解するか？

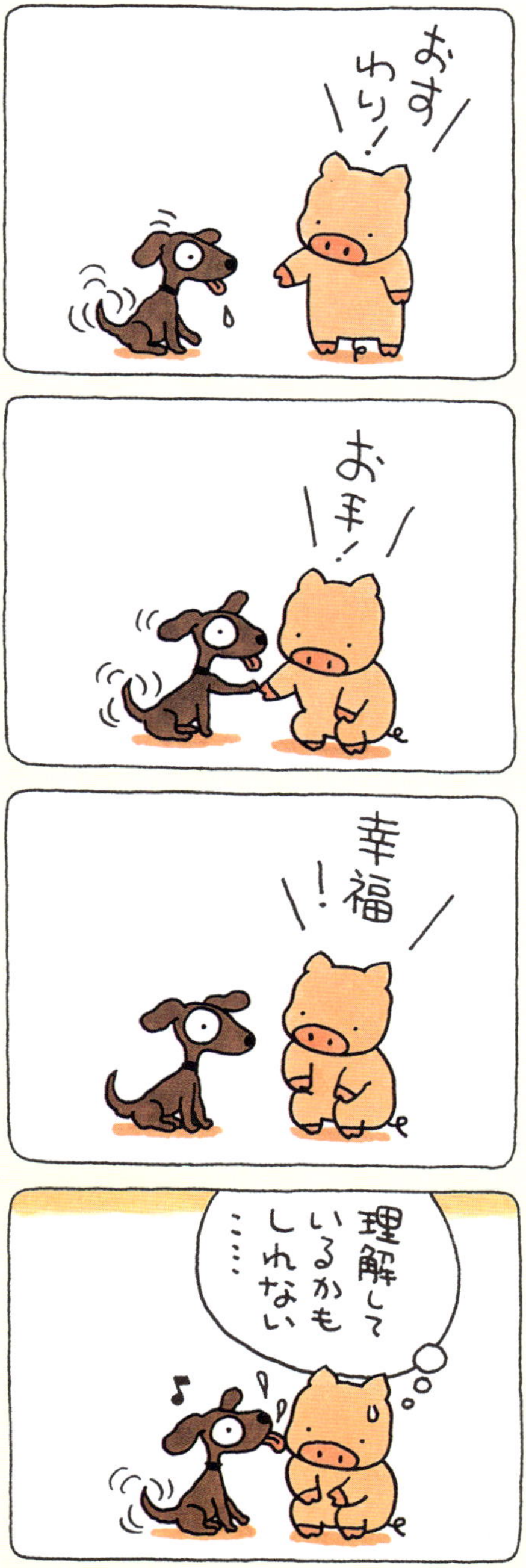
おすわり！
お手！
幸福！
理解しているかもしれない……

# 言葉は万能じゃない

「昨日、ピカソの展覧会《てんらんかい》を見てきたよ」

「どうだった?」

「うん、よかったよ」

「どんな絵がよかったの?」

「猫がエビを食べようとしていた絵がよかったな……」

「そんなの、うちの娘も描《か》いてたよ」

絵を語ろうとするとき、言葉は無力になる。絵を説明するのはとても難しい。猫やエビの形をどうデフォルメしているか、猫がどんなポーズをとっているのか、筆のタッチはどうなのか、色はどんななのか。言葉をどんなに駆使《くし》しても、聞き手の頭の中にその絵は再現されないだろう。絵は、絵そのものを見せないと伝えることができない。

芝居《しばい》を語ろうとするときも、ストーリーを話しても伝えていることにはならないし、役者が誰だとか、聞き手と共通する知識を語っても、芝居そのものを見せなければ理解されない。

テレビで放映すれば伝わるって？　芝居は劇場の空気も含めてのものだ。テレビで放映してもすべては伝えられない。テレビで見てもテレビで見た

という体験であって、劇場で見た体験とは違う。ピラミッドをテレビで見たのと実際にエジプトで見たのとでは全く違う体験だと言えばわかりやすいだろうか。

言葉には限界がある。

絵画は絵画そのものでしか表せない。音楽は音楽そのものでしか表せない。芸術体験ばかりか、日常の体験ですら言葉では正しく伝えることができないことを人は意識しているだろうか。言葉が万能だと思っている人はご注意、ご注意。言葉は世界のすべてを表現できるわけではないんだ。

人は言葉を使って思考する。その言葉が万能ではないわけだから、思考も万能ではない。

たとえば「世界全体」といえば、世界全体を表現しているように思えるけど、「部分」を同時には表現していない。部分は世界全体に含まれるというのに。全体と部分を全く同時に認識することは、人間、不得手《ふえて》なんだ。それなのに、人は言葉で何でも説明できると思いがちだ。言葉は思考から生まれ、思考は言葉を使ってする。思考を離れないかぎり、世界全体と部分を同時に認識することはできない。

何度も言うが、言葉では体験そのものを正しく語ることは難しい。言葉で伝えるということは語り手のものの見方が入ってくる。それも、体験した時点での見方だ。例えば十年前のある人の行為を語るとき、目撃したのが十年前で、十年前のものの見方でその行為を見ているということを、ど

れだけの人が認識して話をしているだろうか。言葉は体験そのものではないという認識があるかないかで、自分の発言に対する謙虚さが違ってくるだろう。

その意味で「ブッダはこう言われた」と書くのではなく、「如是我聞《にょぜがもん》（わたしはこのように聞いた）」と断りを入れて、主観が入ってしまうことを明らかにしながらブッダの言葉を語る経典《きょうてん》の姿勢は素晴らしい。

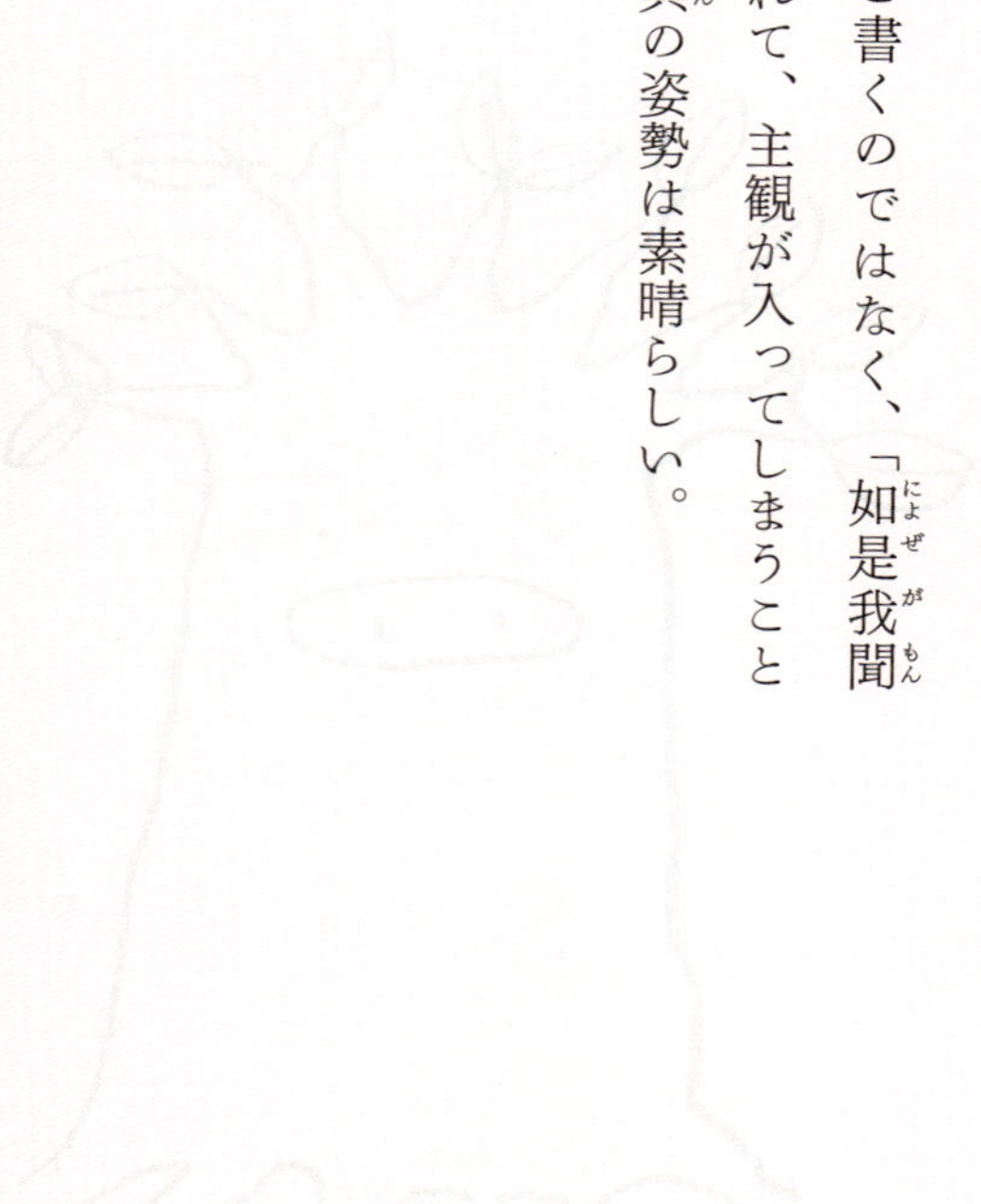

# 言葉は幻なり

言葉とは
不思議な
ものじゃのう…
イア…とか
イ…とか
音と音を
つなげていけば
幻のように
意味が現われる
イア…
イ…
愛……
ジートンさん
ステキよ
いかん…
言葉は
幻だっ!

# 通じない言葉

父からこういう話を聞いた。中国に日本人と中国人の夫婦がいて、奇妙な言葉を使っていたそうだ。二人の思い込みで作られた単語を、日本人の夫は中国語だと思い、中国人の妻は日本語だと思って話していたらしい。他の人が聞いても何のことかわからないが、二人のあいだだけでは通じていた。言葉ってこれでOKなんだよね。

言葉というのは概念《がいねん》を伝える道具であって、約束事にしかすぎない。言

葉はとても重要なものになっているけど、絶対的なものではないんだ。中国の例とは逆に、道具が同じ〝かたち〟をしているのに、つまり同じ単語を使っているのに、会話できないことがある。

あるとき、コンピュータソフトの会社を経営している女性社長と知り合った。僕が好きなピカソの話になり、「彼の絵には力がある」と言うと、彼女はひどく驚いた。「何で絵に力があるの?」と質問してきたので、いろいろと説明を始めたところ、話が通じない。ちゃんと日本語で話しているのに、どうして話が通じないのかわからない。あれこれ話しているうちに気がついた。彼女の使う「力」という単語には、押したり、引っ張ったり、蹴ったりという、「物理的な力」という意味しかないということに。

僕が使う「絵画からみなぎる力強さ」の意味があることを、彼女は認識していなかったのだ。人は言葉の前後関係で内容を判断するものだが、彼女のいる環境で「絵に力がある」という内容の話をする人はいなかったようだ。言葉に対する概念は、個人個人の体験によって違ってくる。言葉の概念が違うと会話ができないのだ。

「力」というわかりやすい言葉で意味が通じないのだから、曖昧《あいまい》な意味を持つ言葉や哲学的な言葉では、言葉に対するイメージの持ち方で受け取った人の反応は随分《ずいぶん》と変わる。

「好きです。一生愛します！」

こう言われたとき、この「一生」をどう考えるか。実際に「一生の覚悟」を持ってこの言葉を使う人がいるだろう。一方で「一生」が「愛する」の枕詞《まくらことば》程度にしか考えていない人もいるだろう。「好き」という言葉も、すごく好きじゃないと言えない人がいるかと思えば、ちょっと好きでも「好き」と言って、いろいろな人に連発する人がいる。「好き」をバーゲンセールする人の言葉を真面目な愛と信じて傷ついた人もいるだろう。

さらに、別れそうな男女の間でよく言われる「こんなに愛しているのに！」という言葉は、愛しているのではなく、「僕（わたし）のこと愛してよ！」という意味なのだ。オソロしいことに本人がわかっていない。このときのこの人の「愛している」という言葉は、「自分の思うとおりになってほしい」とイコールですから、同情しちゃったら大変。

イメージや概念が異なると言葉の意味を取り違える。哲学や宗教を語るとき、正しく伝わらないのはそのためだ。教典や憲法をいろいろに解釈できてしまうのもそのためだし、国に対する概念の違いで収拾がつかなくなっている地域だってあるんだから。

# 言葉はゆるい約束事

ぱくちー
ぱくちー
ゴイクンかい？
ん～～ちょっとナンプラーだね～
こんどフォーしようか
いいねフォーしよう
パパイヤ
パパイヤ

# 視点を変える

「女が外で働くなんて……」と言う人たちが、つい三、四十年前にいた。男性ばかりか女性の中にもそう言っていた人がいた。また、会社の中で女性はお茶汲《く》みと電話番だけしていればいいと考えるオジさんたちがいっぱいいた。某広告代理店で「これからは女性の力をもっと借りなければ会社の発展はない」と社長が訓示して女子社員を集め、そこでお茶の淹《い》れ方と電話の応対の仕方を講習しなおしたという笑い話のような実話がある。

一九八〇年代のことだ。過去の常識に囚《とら》われて、女性の社会進出に眉《まゆ》をひそめる男たちは多かった。見栄《みえ》っ張りな弱い男たちにとって、女性が自分の上司になるなんて、すごい恐怖だったのだろう。

習慣的なものの見方の呪縛《じゅばく》から自分の目を解放するのは、大変なことなんだ。

セザンヌの静物画にリンゴとオレンジを描いたものがある。その絵に描かれた水差しと二つの皿をよく見ると、それまで伝統的に使われていた遠近法を無視して描かれていることに気づく。遠近法は一点から見て描くのだが、セザンヌはそうしなかった。

わかりやすくまん丸いお皿で説明してみる。同じテーブルの上の二つの正円の皿は、斜めから見ると同じ楕円形《だえんけい》になる。目の高さを変えてみると先程とは楕円は形を変える。セザンヌは同じテーブルの上なのに二種類の楕円を描いている。水差しも斜めになっている。つまりセザンヌは一枚の絵の中で、二つ以上の違う視点から描いている。ところが描かれたリンゴとオレンジと皿と布は、絵の中で美しくまとまり、独特のリズムを生み出している。セザンヌは現実を正確に写し取ることに縛られていた絵画を、自由に向かって羽ばたかせるきっかけをつくったのだ。

それはピカソの絵画のインスピレーションになった。遠近法の呪縛から解き放たれた絵画は、ピカソやマティスの手によってどんどん自由になっていく。二十世紀芸術の歴史は、先人たちが作り上げてきた芸術に対するものの見方から、いかに自由になるかの闘いの歴史でもあった。

視点をずらすことで見えてくるものがある。人生においても、習慣化されたものの見方をずらすことで、見えてくるものがある。だがルネサンスから続いていた絵画の見方を変えられず、セザンヌやピカソの絵画をどう見たらいいのか人々が戸惑ったように、視点をずらすことがいかに難しいことか。女性の社会進出を阻もうとした男たちも視点を変えられない人たちだった。

南極に取り残された犬、タロとジロの話は映画でも感動的に扱われているが、それは人間の視点から見たものの見方。犬に食べられるペンギンの側から見たら怪獣に襲われる気分だっただろう。でも犬の側から見れば生きるために必死だったわけで、そこに善悪の基準はない。

視点を変えられるというのは、思いやりにもつながる。他人の視点に立てないというのは、想像力がないということだ。視点を変えられるのは、ものの見方が自由だということだ。

# パターンで考えるブタ

思い込みはよくない…
なんで思い込みが起きるかって？
そりゃ人生で次々と出会う相手や事件についていちいち考えるのは疲れるからじゃな
あいつは短気だの
こいつは便利だの
パターンにはめこみゃ次に出会った時に考えるチカラが節約できるじゃろ
ふ〜〜
ところで若いヤツは年寄りをみな偏屈だと思っとるだろ!!
…と思い込んでいる

# 思考の効率化

先日、僕の高校時代の恩師で彫刻家のM氏の展覧会に行った。木彫りで、主に「耳」を題材にしている。耳の中のカタツムリみたいな形の器官がページのめくれた本を貫いて溶け込んでいるような、そんな面白い形の作品群が並んでいた。木彫《もくちょう》なのに布が掛かっているように見えるイス、陶器でできた軍手など、実際に座ったり触ったりできる彫刻もあった。温かい造形美が氏の人柄と相まって、会場はとても心地いい空間になっていた。

M氏の人柄と作品は、若い時代の僕にとても影響を与えた。中でも木で作った『座蒲団《ざぶとん》』は面白かった。見た目は柔《やわ》らかい座蒲団が五枚重なっている。塗装をしていないので木の材質がそのまま見える。触ってみると固い。頭ではわかっているのに座蒲団が木であることにあらためて驚く。さらに持ち上げようとするとその重さに驚く。どうやら人は視覚をはじめ、ひとつの感覚に頼ると、別の感覚を誤るようだ。M氏の作品群は、固まっている僕の脳みそを座蒲団のように柔らかくしてくれた。

木の座蒲団を本物の座蒲団くらいの重さと勘違《かんちが》いするくらいだから、僕たちの感性はそれほど絶対的なものじゃない。先入観や別のことにかき乱された精神は、他の感覚を鈍くしてしまうものだ。この場合、「座蒲団は軽い」という先入観のラベルを貼ることに問題がある。

僕たちは何度も間違いをおかしているのに、懲《こ》りずにこのラベル貼りをする。一度経験した感覚をパターン化することは、ものを考えたり行動するのに効率的だからだ。つまり座蒲団はこれくらいの重さだと一度経験すると、次に座蒲団を持ち上げるときどのくらいの力を入れたらいいのか、経験から推測してもう一度考えなくてもすむというわけだ。これは思考の効率化だ。分類して思考をパターン化すれば、短い時間で物や相手の種類を決定して、次に自分がとる行動を効率的に進めることができる。

〈思考〉は過去の経験に頼っている。実はそれが僕たち人間が抱える最もやっかいな問題だと思う。

このパターン化に頼ってものごとを見誤ってしまうことが多々ある。

笑顔をしていればいい人だとか、怖い顔をしていると怖い人だとか、髪の毛を染めている人はみんなろくでもないだとか、ちゃんと相手のことを見なくなる。勝手に分類して、注意深く見なくなってしまう。

経験というのは過去の出来事だ。その過去の出来事を思い出すとき、実は過去の自分の感性で見ている。昔の仲間に出会ったとき、つい過去の自分のものの見方で相手を見る。同窓会で過去の感性で相手を見てしまうと見誤るときがある。

「お前、さすがに元学級委員長。真面目にコツコツやってきたんだろ？県の土木課長やってるんだって？」

「賄賂《わいろ》をもらったことがバレて今は無職だよ」

ちゃんとした目を持てば、しばらく見ているうちに今の相手の姿が見えてくるだろうが、パターン化して見ていたら見誤ることだろう。

自分の過去と自分の思考パターンから自由になるためには、過去は死んだ時間だと自覚することと、目の前に起きていることをあるがままに受け取る柔らかい脳が必要のようだ。

いつまでも昔の目で

ほんぎゃほんぎゃ
おーよちよち…
5年後
あんまり遅くまで遊んでちゃダメよ!
はーい
25年後
あんまり遅くまで遊んでちゃダメよ!
はーい
50年後
あんまり遅くまで遊んでちゃダメよ!
はい

# 曖昧な価値

彫刻家のM氏の話をもうひとつ。

M氏は若いときの木彫作品を実家の納屋《なや》に保管していた。あるとき、実家に帰ると納屋はなくなっていた。彼は母親に訊《たず》ねた。

「俺の作品はどうした？」

「あれはブルドーザーで埋めたよ」

M氏の作品は個性的で抽象的なものが多く、母上の理解を得られなかったようだ。母上は人の形をしている彫刻作品だけ埋めないで残していた。それはM氏にとってどうでもいい作品だった。残念なことに、僕が大好きだった木の『座蒲団』も海外に流出したりして行方《ゆくえ》知れずで、一枚も氏の手元に残っていないらしい。

ある人にとって価値のあるものでも、別の人にとって価値があるとは限らない。

一九七〇年頃、僕の父の実家に骨董《こっとう》屋が来て、明治時代から家にあったランプを祖母と叔母から百円で買っていった。祖母と叔母にとっては邪魔になるガラクタだから片づけてもらってありがたい。骨董屋にとっては高く売れる商品を安く買えて幸せだったろう。でも骨董品に価値を見いだす兄は、「騙《だま》されたんだよ。もったいない……」と絶句していた。

　子どもの頃遊んでいたゴジラや鉄腕アトムのブリキの玩具《おもちゃ》が今では数万円で取引されている。高く売れると知らなければゴミのように思っている人もいるだろう。

　ブランドものの服やバッグをひたすら買う人がいる。デザインが好きで買う人もいれば、ブランドものは信頼性があるから買うという人もいる。マークさえついていればいいという人もいるだろうし、みんなが買うから自分も買うとか、見栄で買っている人もいるだろう。センスがなくて自分で探す努力をしないで済むのは楽だということもあるだろう。でも、ブランド物欲しさにお金を渇望《かつぼう》したり、ローンで苦しむ人がいる。

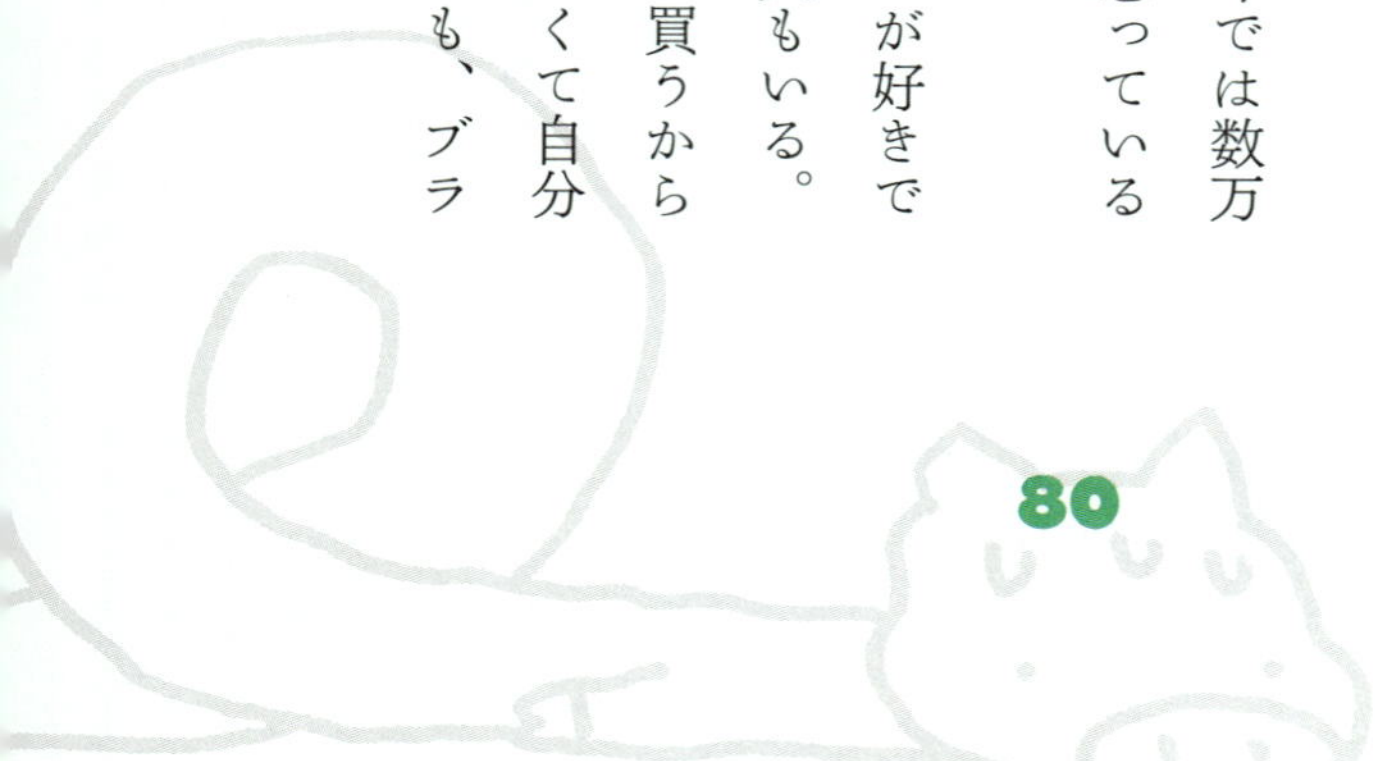

自分の心から望むことではなく、世間が決めた価値に振り回される人がいる。

収入はたくさんあるほうが価値がある？

学歴は高い方が価値がある？

旅行するのに、目的地には早く着く方が価値がある？

長生きする方が短い人生より価値がある？

これらの価値と幸福は、あまり関係がないように思う。収入が多くても、もっと欲しいと思ってしまう人がいる。それではいつまでも安心できない。世間的にいいと言われる大学を出て世間的にいいと言われる会社に入っても、さらなる競争に疲れてしまったり、人間関係に疲れて不幸を感じている人はいっぱいいる。大きな会社や銀行がバタバタと倒産や破綻《はたん》をして、考えを変えた人もいるだろう。目的地にゆっくり行くことが楽しいと思う人だってたくさんいる。長生きしても辛《つら》く感じている人はもちろんいる。

価値なんて曖昧《あいまい》なものだと頭を柔らかくすれば、価値に振り回されないと思うんだけどね。ちょっとしたことに振り回されるなんて、ホントに、人間って不自由な存在だね。

ところで僕が小学校時代に描いたマンガを、中学のときの引越しの際に親が捨ててしまった。後に息子がマンガ家になると知っていたら、とっておいてくれただろうか。価値ないか……。

# 価値を決める

天才画家のブタンだ
料金は3万円でございます
金は持っとらん
わたしがこの皿に絵を描けば500万円で売れる
それでいいだろ?
は…はい…
497万円のつりをくれ
え…

# 「思う」と「考える」

僕は美術学校時代、写真の勉強をしていた時期があった。スタジオの写真技術を学ぶのではなく、主に街に出てドキュメンタリーな写真を撮ること。講師が「写真は度胸から」という考えを持っていたので、「知らない人に声をかけて撮る」といった課題が出た。そんな課題でも出来上がった写真には個性が出る。知らないうちに似たような種類の人に声をかけていたり、写す側の声のかけ方で相手の反応が違ってきたり、写す人と相手と

の距離感などから、学生ひとりひとりの個性がいろいろな写真となって出てくる。

夏休みに出された課題は、「テーマは何でもいい。三十六枚撮りフィルムを一日一本撮ること」だった。七月半ばから九月半ばのほぼ六十日間、毎日撮りつづけた。でも、なかなか一日一本撮るなんてことはできない。シャッターを切る手は滞《とどこお》りがちで、すぐに二日で一本ほどのペースに落ちてしまった。

ある日、こんなトラブルがあった。

ひどく暑い日だった。地方都市の駅の近くを歩いていると、小さな公園があった。公園は川の上を一部コンクリートで塞《ふさ》いで作ったものだったと思う。植え込みとベンチがあるくらいの狭いものだった。公園の奥にある駐車場と区画分けするためのコンクリートの壁があり、そこにライオンらしき彫刻があって、口から水が出ていた。水は地面より一段高くなっている池に溜まっていた。白いブラウスに黒いスカート姿のおばさんが裸足になってその池に上がり、ライオンの口に足を近づけてじゃぶじゃぶと洗っていた。暑かったからだろう。

僕は思わずカメラを構えた。その頃、ちょっと珍しい光景だと感じただけでシャッターを切っていた。いきなり怒鳴り声がした。

「てめぇっ！　何撮ってやがんでぇっ！」

その公園のベンチにはホームレスらしき男の人が数人寝転んでいた。その中の一人からの怒声だった。

思わず「すみません」とひとこと言って、僕は足早にその場から立ち去った。

その頃、僕は「思う」だけで撮っていた。

何か感じただけで、どういう考えでそれを撮ったのかと誰にも説明ができなかった。その場を立ち去るしかなかったのだ。怒鳴られただけですんだのは運がよかったのかもしれない。

思うだけというのは簡単なことだ。トラブルがあったとき、「辛い」とか「苦しい」とか「悲しい」とかといった「感じること」「思うこと」は誰でもやっていることだ。でも、「考えること」はどれくらいの人がしているだろうか。僕たちが悩んだり苦しんだとき、思っているだけでは再び辛い思いに振り回されるんじゃないだろうか。思っただけではただ苦しい経験をしたということでしかない。辛い経験をすると大人になるとは言うけれど、思っただけでは大人にはなれない。考えるという行為は面倒だし、エネルギーがいる。それに、どうやって考えたらいいのかわからない人がいる。子どもの頃から訓練していないからだ。僕は気が弱いから、しんどい思いそのものを楽にする方法はないだろうか、苦しみそのものはどこから来るんだろうという根本的なことを考えてみたわけだ。根本を考えると、すっきり見えてくるものがある。

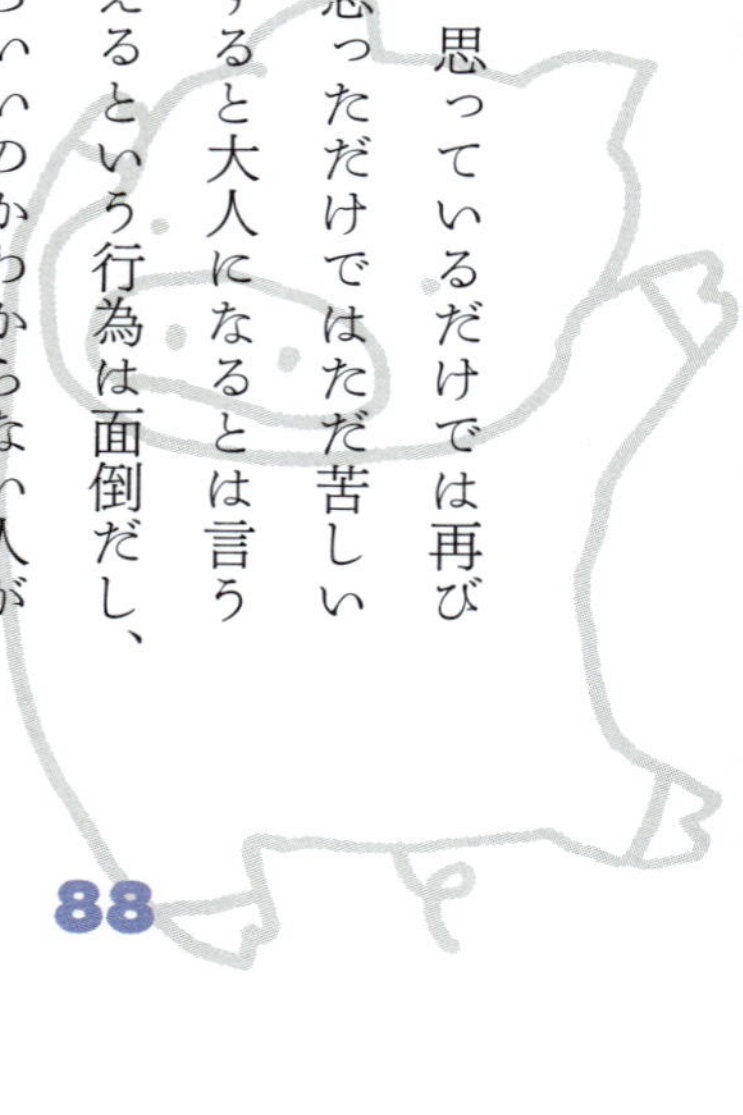

# 思うブタと考えるブタ

つらい思いを何度もしたのにちっとも大人になった気がしません
つらい思いをしているだけだからだな
え?つらい思いをしてもだめですか?
よく考えんとな…
つらいと思ってるだけじゃだめだ
よし!考えて考えて考えぬくぞ!!
だがただ考えてもだめだろうな
考えるのにつかれきって考えるのをふとやめてみるといい
え?最初っから考えるのをやめたらだめですか?
あんたはじゅうぶんシアワセじゃ

# 知識と知恵

腹の具合を悪くして、お医者さんから薬をもらった。

これが食事の前に飲む薬だった。食後に飲む薬は忘れないが、どういうわけか食前に飲む薬はつい飲み忘れてしまう。ご飯をひとくちふたくち食べて「あーっ」と叫ぶことが多い。ひどいときは、すっかり食べおわってから「あーっ」と叫ぶ始末。飲み忘れると、食後ではもう効力がないと思ったので、飲むのをあきらめた。薬を飲んだり飲まなくなったりしている

うちに腹の具合はほとんど良くなって、薬が余った。

三週間ほどして今度は花粉症の相談のために、また病院へ行った。

「その後、お腹《なか》の具合はいかがですか?」と医者から訊《き》かれ、「たまに変なときがありますけど、もうほとんど良くなりました」と答えた。「もう少しお薬を出しましょう」ということになり、前回と同じ薬をもらった。

その後また少し腹の具合がおかしくなったので、薬を取り出して袋を見たら、「毎食後に服用」と書いてある。

すぐに電話で病院に訊ねた。

「以前いただいたのと同じ薬なのに、前のは食前と書いてあって、今度は食後と書いてあります。どっちが正しいんですか?」

病院の答えはこうだった。

「以前は具合がかなり悪かったので、早く効くように食前だったんです。今回は大分良くなったようなので、食後としました」

笑ってしまった。なんのことはない、食前でも食後でもちゃんと効く薬だったのだ。飲み忘れる度に「あーっ」と叫んでいた自分が馬鹿馬鹿しくなった。食後に飲んだら効かないというのはまったくの思い込みだったのだ。食前という情報しか与えられていなかったので誤解していた。この薬に対する基本的な知識さえあれば、飲み忘れて叫ぶことはなかったのだ。

でもこの薬が食前食後のどちらに飲んでもいいからといって、全ての薬がどちらでもいいと思ってはいけない。薬の素人《しろうと》でも経験でそのくらいはわかる。空腹時に飲むと胃を荒らす薬がある。きっと食前に飲むべき薬を食後に飲んだのでは効かない薬もあるだろう。初めてつき合った女のコがホラー映画が好きだったからといって、女のコがみんなホラーが好きだと誤解したら恋はうまくいかない。ひとりの女のコにフラれた理由が、他の女のコにフラれる理由にはならないというのも同じだ。「女ってモンは……」とか「男なんてみんな……」とボヤく人の言葉を知識にしたら大間違いだ。

　知識は必要なときもあるけど、知恵はもっと大切。知識は学校の教室でも積めるけど、知恵は人生の中にちゃんと入っていかないと身につかない。物知りには若いうちでもなれるけど、賢者《けんじゃ》になるには人生経験が必要になる。ま、薬を食前食後に飲むかどうかの話でこんなタイソウな話をされても、読者のみなさんはあきれるでしょう。

病院に行った数日後、風邪をひいた。どうやら病院のロビーで風邪をもらってきたみたいだ。ふだん家で仕事をしていて外気に触れていないわけで、無菌室からバイ菌だらけの世界に出向いたようなもの。今はマスクをして外出するようにしている。

これも知恵ですね。

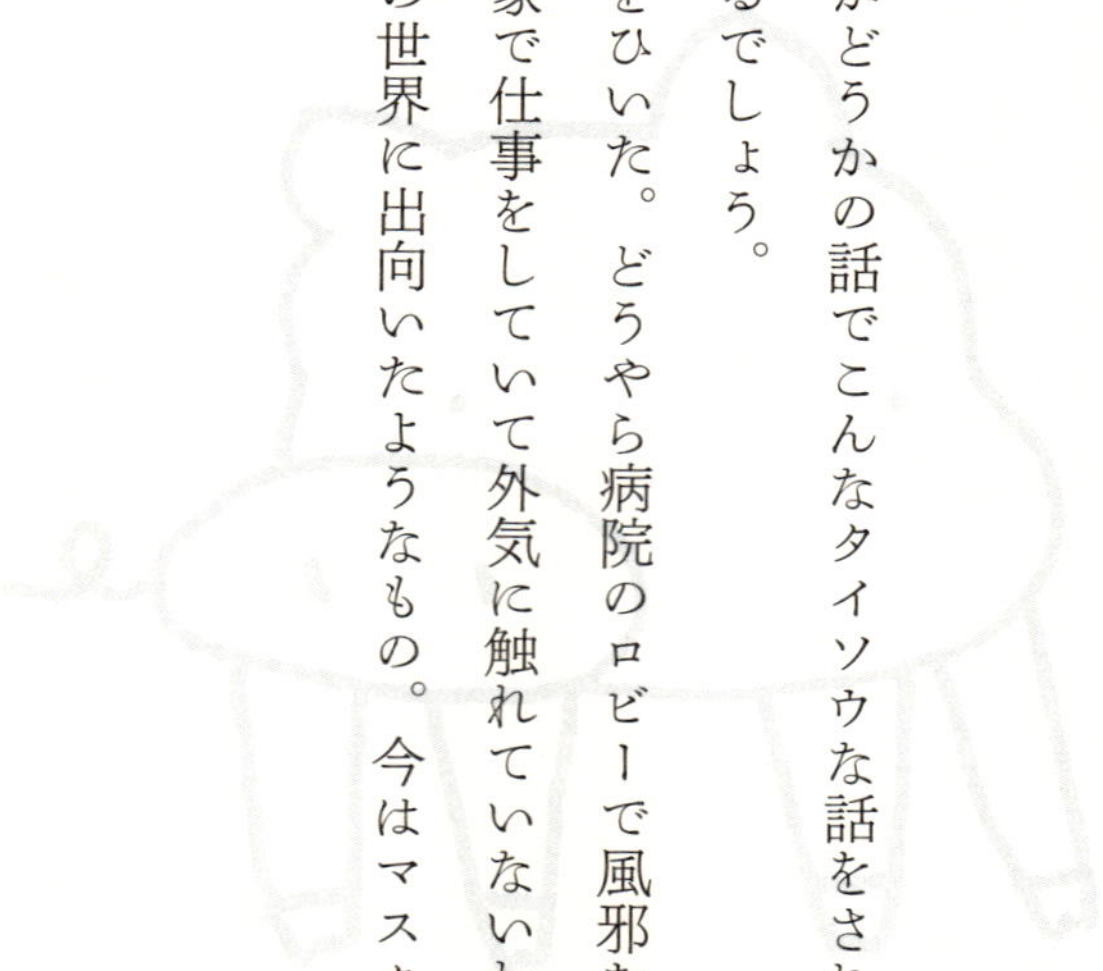

# 本の知識

モノシリブッタは一万冊の本を読み頭に入れた
それでも彼にはわからないことがあった
本を読んでも好きな女のコの気持ちがわかりませんどうしてですか?
女のコの気持ちは本じゃないからだろ

# 選択する

『スライディング・ドア』という映画がある。主人公の女性が会社からクビを言い渡され、その帰り道に地下鉄のドアが目の前で閉まってしまうか、地下鉄に乗れるかで人生が変わる。その両方を一本の映画の中で表現していた。

「思い起こせば、あのときがターニング・ポイントだった」

「あのとき、別の方法をとればよかった」

「もし、あのとき、こっちの道を選んでいたら」

こうしたテーマは、映画や小説、マンガの世界によく描かれる。それは人にとって共通の思いだからだろう。過去をやり直せたら、人生をリセットできたら。でも僕たちの人生では「過去のやり直し」はできない。

僕たちは日常生活の中で常に何かを選択して生きている。朝目覚めて寝床から起き上がるかどうか。起き上がったら習慣に従って朝食をとったり、歯を磨いたり顔を洗ったりするが、習慣に従わないことを選択することもできる。トーストにどのジャムを塗るかを選択するし、服を選ぶ作業もする。

駅の階段を降りていくとすでにホームに電車が来ている。その電車に飛び乗るか、次の電車にするか。映画『スライディング・ドア』のように、それで人生が変わることもある。たまたまいつもの電車に乗らなかったおかげで、地下鉄サリン事件に出会わなかった友人がいる。

会社で企画会議があるとき、会議室でどの席に座るか。会議での座る位置で、心理的に発言の影響力が変わるという話を聞いたことがある。さらに課長さんや部長さんなら、話し合ってまとめた企画にゴーサインを出すかどうか。

珍しい人から忘年会に誘われて、「うーん、顔を出してみるか」と、そんな気持ちで出席を選択したパーティで、人生の伴侶と出会った人もいる。

僕のことだけど。

人は瞬間的に細かい選択を常にしている。

YESかNO。○か×。右か左。

この問いを無意識に繰り返している。

僕たちは遥《はる》か遠い先祖が単細胞生物だった時代から、目の前にある物体が食べられるか食べられないかを判断して選択し、食べるか食べないかを決断してきた。進化してもそれが基本になって生きている。選択は脳の基本であり、「生きること」の基本なんだ。

迷ったときどちらを選んでいいのか、選び方の基準を教えましょう。

どちらを選んでも正解。

もともと正解なんてないんだから。自分にとって損得で選んだとしたら、

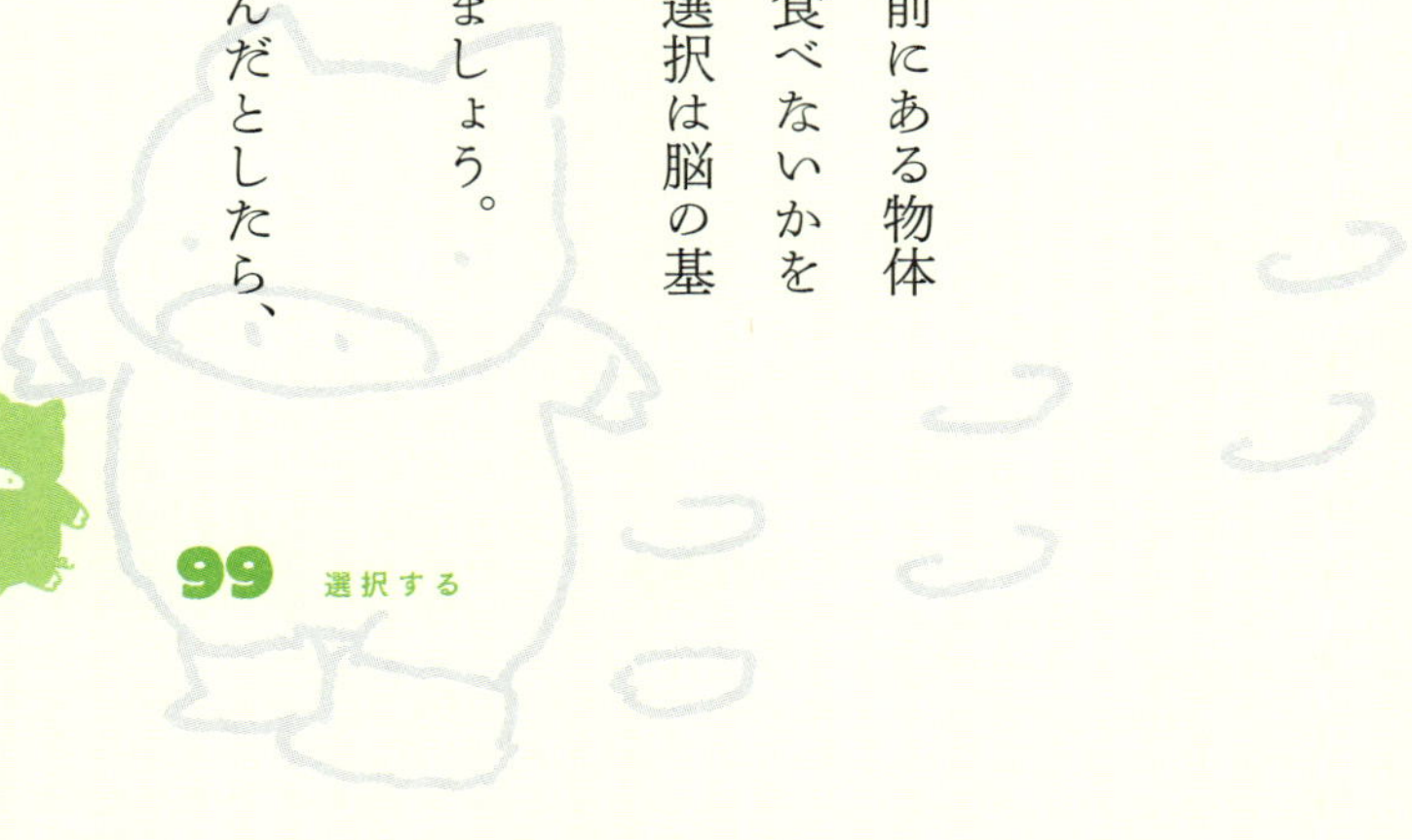

それは人生を損か得かだけで判断することになる。人生って損得だけで幸福と不幸は量《はか》れない。

お釈迦《しゃか》様でも総理大臣でも、風邪をひいたり食あたりになったり死んじゃったりするわけで、悟っていても、いわゆる成功者と言われる人の上にも災難はあるわけで、選択が正しいかどうかなんてものは誰も判断できない。むしろ、どうせどっちかに転ぶんだから、どっちに転んでも人生を楽しもうというくらいの気持ちで臨《のぞ》んだほうが、不安な気持ちで臨むよりいいんじゃないかなぁ。結果は神様とか仏様とか運命とかいうヤツにおまかせ。まかせきって、結果が出てから次を考えるのが、心のためには良さそうだ。

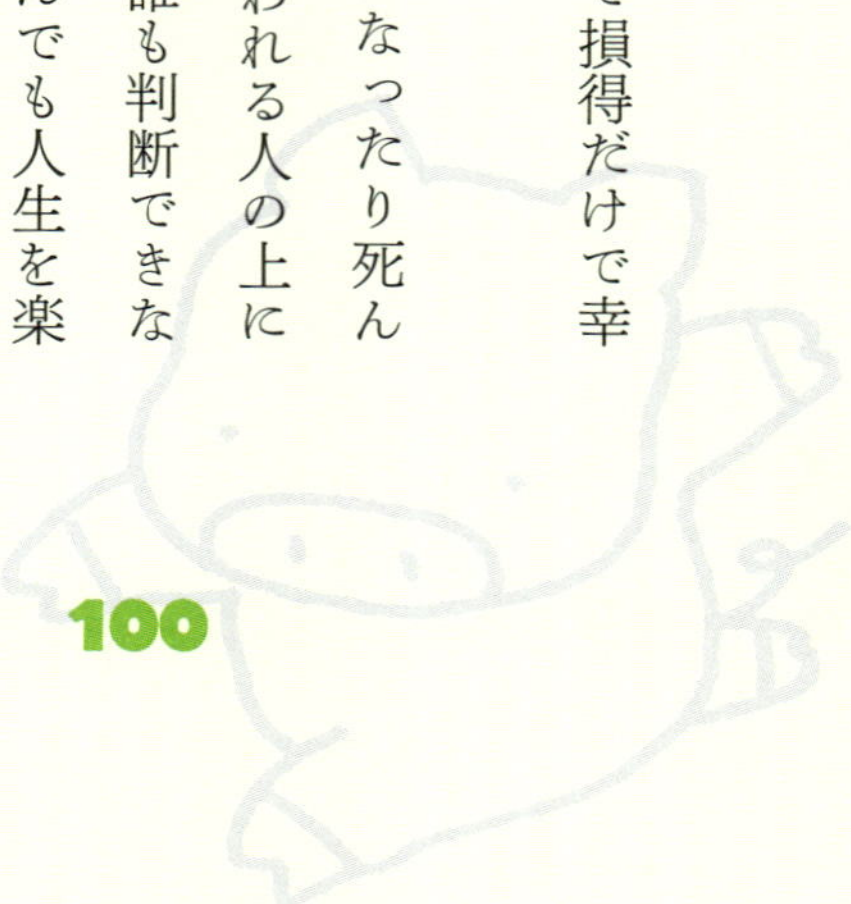

# 選択と決断ができないブタ

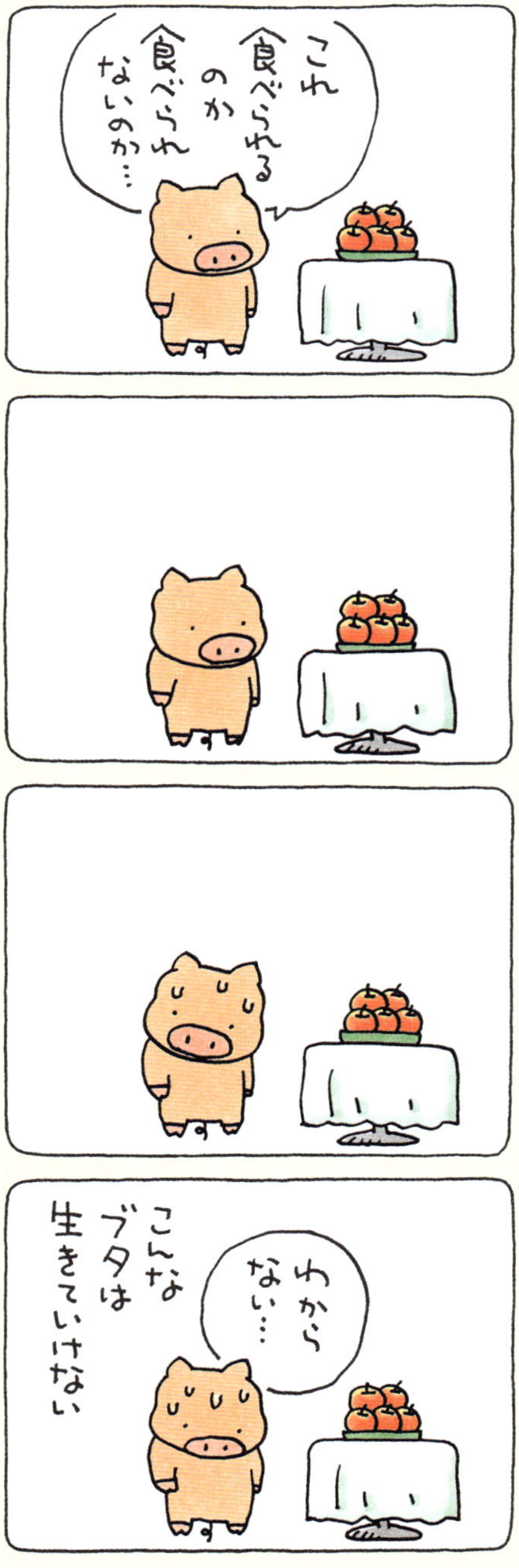

これ食べられるのか食べられないのか…
わからない…
こんなブタは生きていけない

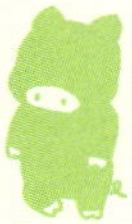

# 分別する

前回話した「選択する」という行為の前に、人は「区別する」という行為をしている。

「右に行こうか、左に行こうか」

このとき、右と左の区別をしないと選択はできない。

この区別をすることを、仏教では「分別」というのかな。分別ゴミはブンベツと読むけれど、仏教用語ではフンベツと言うんですね。「そろそろ

いい悪いの分別がついてもいい歳だろ」というときに使う「分別」ですね。

実はこの分別が悩みの基本になっているみたいだ。

人は分別をして、比べて、それから選択の判断をする。では判断の基準はどこにあるのか。

僕たちは未来に対して、「ココチイイ」が待っているか「キブンワルイ」が待っているかを予測するみたいだ。予測して「キブンワルイ」より「ココチイイ」方向、つまり幸福に向かおうとするんじゃないかな。快と不快。これが、判断の基準だと思う。

不快になると判断に失敗したと感じる。失敗して後悔すると、前回語った「あのとき、別の道を選んでいれば……」ということになる。この後悔するという気持ちが起きるのは、出た結果とは別の結果を想像できるからなんだ。

僕たちが「快」を知っているときは、それと対立する「不快」も当然理解している。「幸福」を知っているときは、それと対立する「不幸」も知っている。どうやらこの対立する概念というのは、一緒に頭に入ってくるようだ。

上という概念を知るときは、下という概念もセットで覚える。右と左もワンセット。楽しいと苦しい、好きと嫌い、明と暗、表と裏、内と外などみんなワンセット。

希望を抱けば、失望する可能性があることを心の底では知っている。失

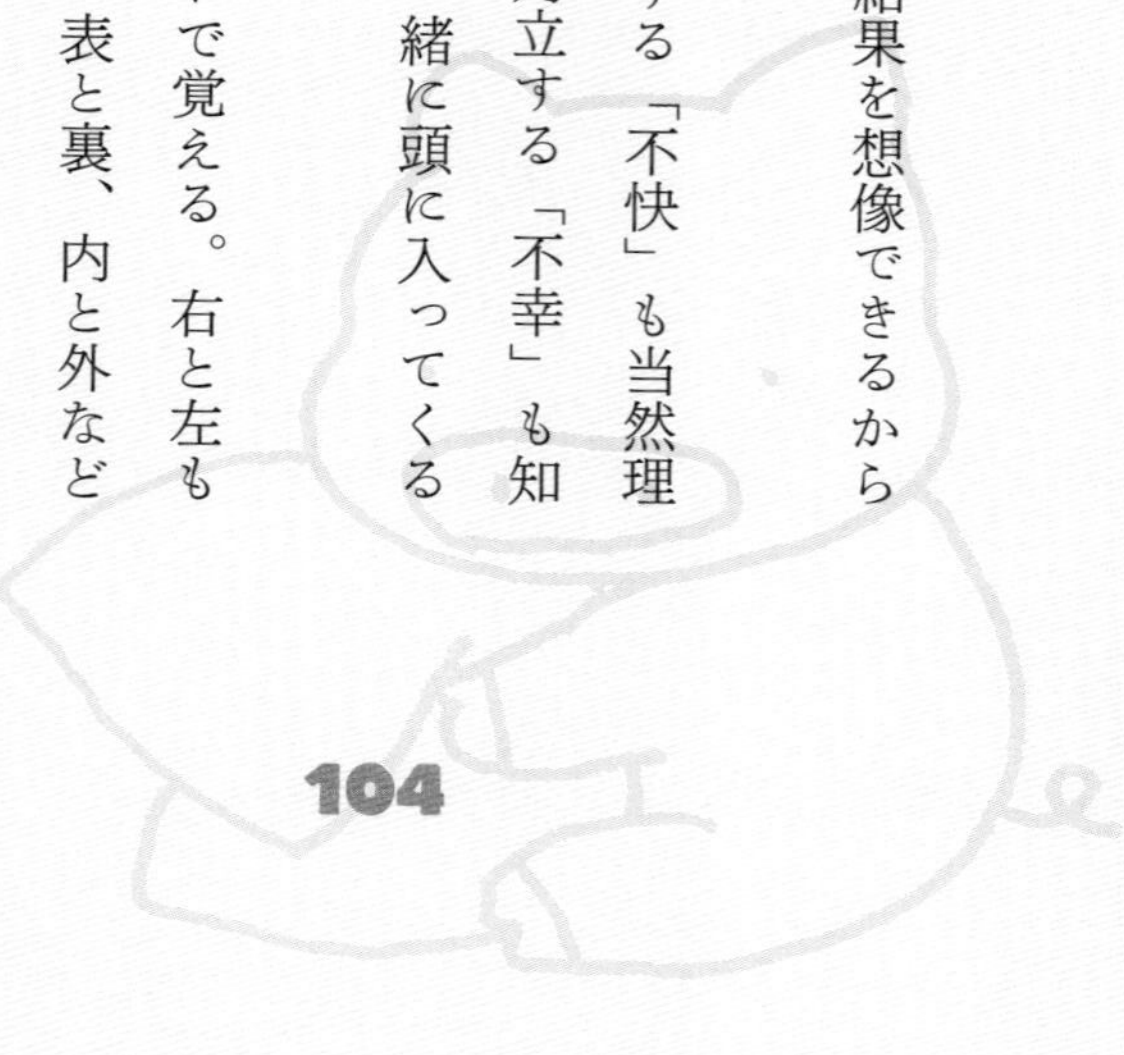

望する可能性については、目をつぶっちゃう人が多いですが。

「よし、希望する大学に受かってやるぞ！」

入試の例はわかりやすい。こう意気込んでも、不合格になって失望する可能性を知っている。

どうしても失望したくなければ、希望を持たなきゃいい。希望と失望は常にワンセットなんだから。希望を持つなら、失望することも心の片隅に覚悟しておけば、失望したときそれほどじたばたしないですむ。

僕たちはつい幸福と不幸を別々のものだと思ってしまう。でも山の上と谷、あるいはひとつの波の上と下。勝手に分別しているだけ。今体験していることが幸福か不幸かはわからない。幸福だと思ってした結婚が、不幸のはじまりになるかもしれない。僕たちが理解できるのは、ただ刻々の体験だけ。それなのに、現在と過去を比べたり、自分と他人を比べて、今の自分が幸福か不幸かを判断している。不幸を感じている人は、他人や過去の自分と比較することで、自分を苦しめているんだね。

比較して見てしまうというのが、人間のものの見方の癖。この癖が自分を苦しめる原因になっている。でも、分別をするなとか比較するなというのも難しい。

僕たちにまずできることは、「比較して見てしまうという、ものの見方の癖」があるということを知ることだ。それを知るだけで、不思議なことに、凝《こ》り固まったものの見方が柔らかく溶けていくものだ。

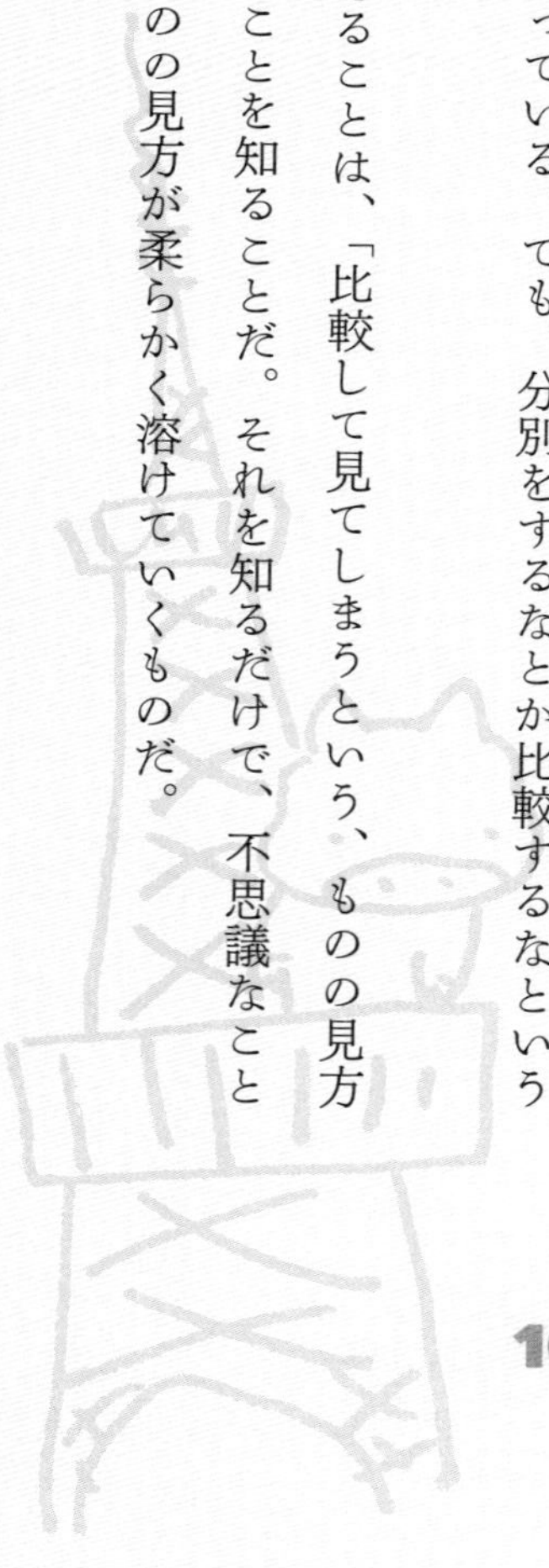

## 右と左を分ける

おまえ〜たまには働けよ
え〜ちゃんと働いてるよ
俺なんかペン持ったりはし持ったりボール投げたりしてるだろ!
ボクだって君がなんか書く時には紙を支えてるだろ
それに茶わんだって持つし…
ボール投げる時はボクがバランスとってるんだぜ!
仲良くしろよ
比べてどうする

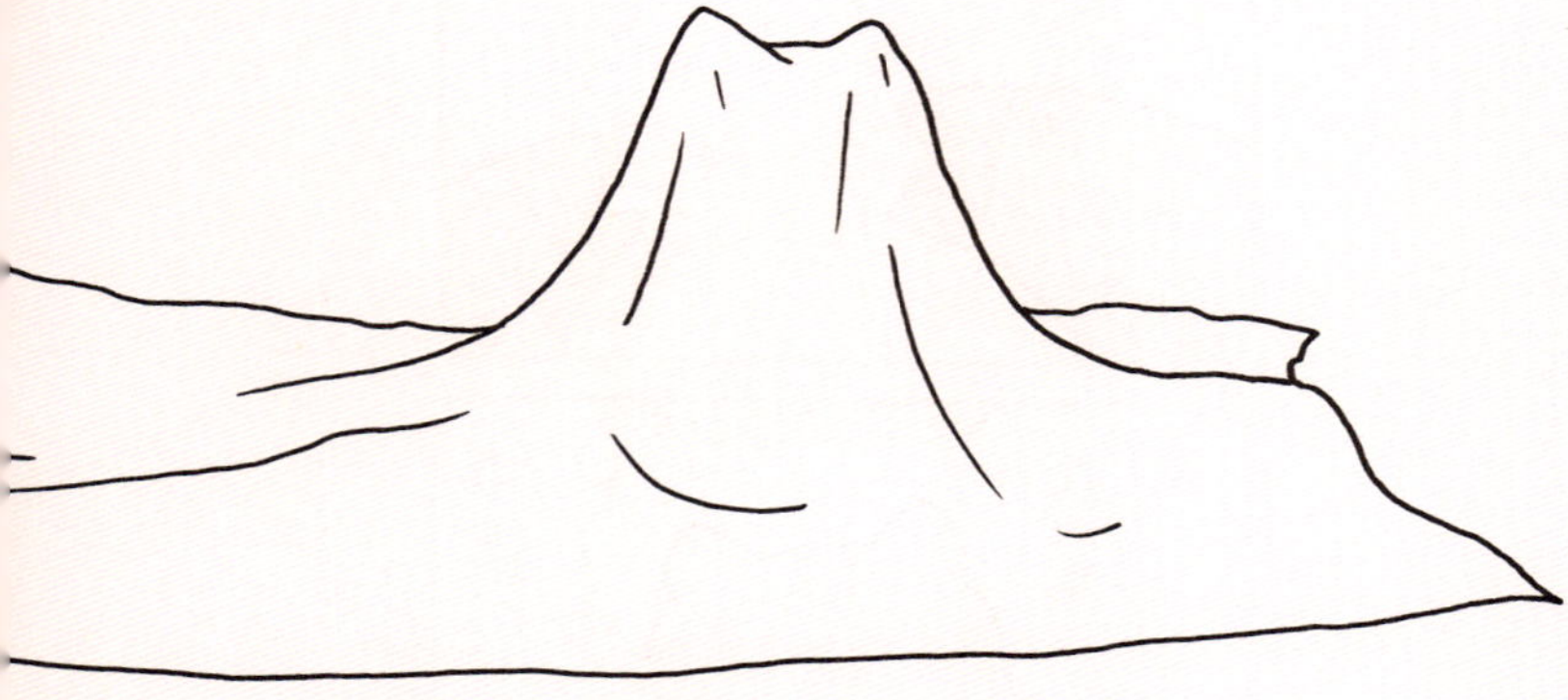

# 抑圧された怒り

電球が切れたので近所の大型電気店に行ったが、欲しかった電球だけが品切れだった。電球コーナーの近くをのんびり歩いていた店員に「これ、品切れみたいですけど……」と声をかけた。店員は電球コーナーを一瞥《いちべつ》して、他人事のように「ああ、ないみたいですねぇ」と言うだけでそのまま行ってしまった。急いでいる店員ならまだしものんびり歩いていた店員だ。僕は「在庫を見てみます」とか、「すみません、すぐ取り寄せますから」

という店員からの言葉を期待していた。少なくとも客として扱ってほしい願望があったのだ。近所に大型電気店はそこしかないので、どうせまた来ることになる。僕は気が小さいし、あんまりモメたくない。軽い怒りを覚えたけど口に出せなかった。

数日後同じ店に行くと、レジで三十歳すぎくらいの男性客が怒っている。耳をふさいでも聞こえるほどの大声だった。不良品の取り替えで、レシートと店のサービスカードを持ってこなければならないことを、電話で対応した店員が伝えなかったためにモメていたようだ。電球のときの対応があったせいで、この店ではしょうがないかとつい思ってしまった。口に出せなかった小さな怒りはもう、しっかり僕の中で先入観になっている。その後親切な店員もいることはいたんだけどね。

怒ること自体は悪いことではないと思う。心が平衡《へいこう》を保つために必要なことかもしれない。通常の怒りは心のどこかからやってきて、吐き出されて消えていく。問題なのは、怒りを抑圧してため込むことなのではないだろうか。

かっとなって吐き出された怒りと、ため込まれた怒りは別のものだと思う。ため込んだ怒りはなかなか消えないし、徐々にたまっていくので、怒りがたまっていることに気づかないことがある。やっかいなことに抑圧された怒りは元々の原因が目の前にないためか、本当の原因を自分も忘れてしまっていることがある。知らないうちに怒りの矛先《ほこさき》が変わったり、変形したり、増幅《ぞうふく》したりすることもある。たまった怒りははち切れそうに膨《ふく》らんだ風船のガスのようになり、そのうち元の原因ではなくてもちょっとした刺激で火がついて爆発する。

中学時代、皆に嫌われている若い男の教師がいた。女の子にちょっかいを出したり、野球ができないのに野球部の顧問《こもん》になって生徒をいじめたり、生徒の持ってきた雑誌を笑いながら読んだ後で「こんな本は学校に持ってくるもんじゃない」と取り上げたりしていた。相手が先生ということもあって一年間怒りを我慢し続けた僕は、学年末にその教師に怒りをぶちまけてちょっとした問題になった。なんだか僕はそのとき一生分怒ってしまった気がした。それから怒りをためるのはほどほどにしようと思った。

怒ると気分がいくらかましになった気になる。怒った相手から反撃されないとわかると、相手より優位に立った気がする。怒ると何かをなしえた充実感を持ってしまうこともあるから怖い。怒った後、かえって自己嫌悪《じこけんお》に陥《おちい》ることもある。優位に立っても不安定で、自己嫌悪でも心は揺《ゆ》らぎ、怒りの後に真の安らぎなんてないと思う。きっと安らぎは怒りも悲しみもない処《ところ》にある。安らぐためには、怒りが、願望や切望の裏返しであることを理解することが必要なんだと思う。

# 怒りのエネルギー

怒りを抑圧するとエネルギーが心の中にためこまれる
くっ
刺激を与えると…
怒りのエネルギーを宇宙旅行に昇華させたカイカブッタ氏であった
しゅばっ

# 慣れるということ

その昔、ひどい医者と出くわした。腹が痛くなったんだけど、当時引っ越したばかりで町医者を知らなかった。すぐ近所にあった大病院に行くと、長い時間待たされて通された診療室で初対面の医者にこう言われた。

「あんたみたいな人に病院に来られるのは迷惑なんだよ」

痛みがあるのに、「検査しても何も出ない患者なんて診《み》たくない」って検査前から決めつけている。同じような患者が前にもいたようだ。僕は不

安だから病院に来たのに、その言葉に驚いてちょっと腹が立った。でも怒りは飲み込んでしまったけどね。そういう我慢がストレス性の腸炎を起こしていたのかな。その医者は三十代半ばに見えた。人生経験が浅かったのかもしれない。その日は患者が多くてイライラしていたのかもしれない。でも、僕たちにとっては一回の大切な診察だからちゃんと診てほしい。医者の友人にこの話をしたらさすがに呆れていた。そういえば手術後のリハビリが終わっていないのに、「老人にいつまでも入院されていては困る」と年配の副婦長から言われた人もいたなぁ。

　彼らは若いときからそういう発言をしていたんだろうか。おそらく希望に燃えて仕事に就いたことだろう。仕事に慣れてしまい、人間を相手に仕事していることを忘れていったんだろう。彼らが見ているのは「いつもの仕事」。あるいは「病気」や「症状」といった治療すべき対象と、病院側の都合。相手を「ひとりの人間」として見なくなっているみたいだ。それがときには患者とその家族の心を傷つけてしまうことに気がつかなくなる。僕たち作家だって慣れからアイデアの合格基準を下げたら、すぐに作品の質は落ちてしまう。

僕たちは人生の様々なことに慣れてしまう。この慣れが仕事のミスにつながるし、考えることなく生きてしまうことにつながる。

人は環境に慣れてくると相手を人間としてではなく、機能とか役割で見てしまうことがある。例えば妻を家政婦として見たり、夫のことを現金輪

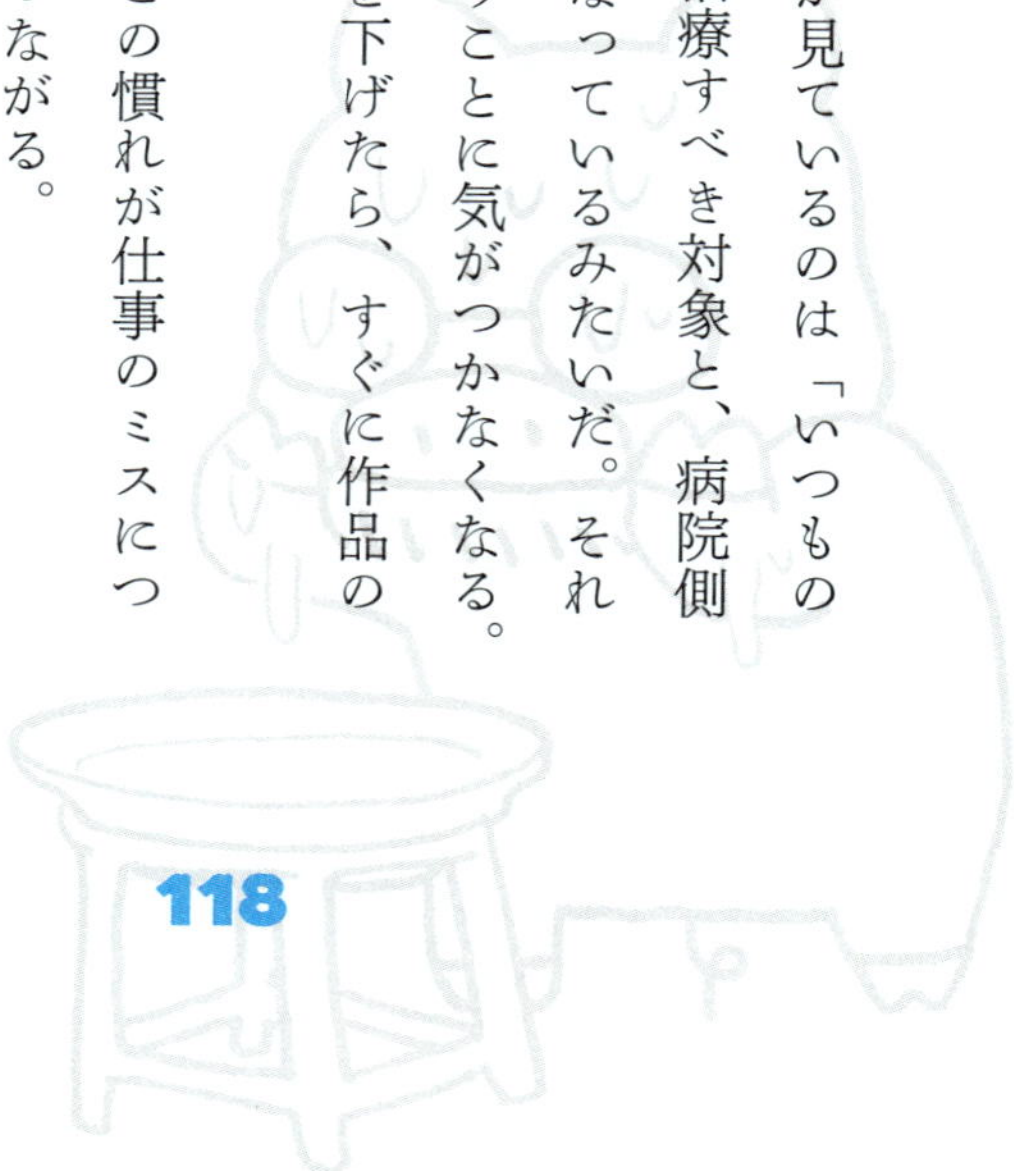

送車として見たりする。結婚したときは相手のことを大好きだったんじゃないの？

　また役割を自分で演じて疲れている人もいる。自分はいい夫やいい父親でありたいとか、いい妻やいい母親でありたいとか。いい子でいたいと小さな胸を痛めている子どももいる。演じていることに慣れて本人も気づかず、心をがんじがらめにしてしまう。

　人は慣れる動物だということで思い出すのはフランツ・カフカの書いた『変身』という小説。ある朝突然、巨大な虫に変身してしまった男の話だ。主人公のグレーゴル・ザムザという男はその異常事態を受け入れ、次第に慣れていく。グレーゴルだけじゃない。彼のまわりの人間も、それどころか僕たち読者も、異常事態に次第に慣れ、慣れきっていく。恐ろしいことに人の心とはそういうものである。

僕たちの心は慣れる。麻痺する。そういうものである。それを知っているか知らないかで、人生に対する心の有《あ》り様《よう》も変わってくる。それを意識して仕事をしているか、あるいは家族や友人、恋人とつきあっているか、日々意識するだけで人生との向き合い方が大きく変わると思う。

## 慣れるブタたち

ブーブー建設には選挙の時お世話になりましたので
今回の工事はブーブー建設におねがいすることになりました
市長があんな堂々と言って…
ねー
なんか変じゃない?
え?
そう?
変よ~
談合よ~~
ズルしてるわよ~
でもずっと前からこうだぜ
そーかー
なんかいいような気がしてきた
だろ

# 生きる力 I

学校を出てすぐ就職した広告代理店で、企画制作をするチームに配属された。企画会議では自分なりに頑張っていい企画を出したつもりだったけど、なかなか採用されなかった。当時の僕には力がなかったんだから仕方ないけどね。僕は精神的に行き詰まったとき、よく原始時代に譬《たと》えて納得していた。

仕事とは食べるためにある。つまり餌《えさ》を捕ることだ。スポンサーはマン

モスだ。一人で狩ることは難しい。狩りはたくさんの人の共同作業になる。まずディレクターを中心に作戦を練る。営業課はマンモスの情報をもたらす。ディレクターは大きな穴を掘ってマンモスを追い込もうという作戦をたてる。ディレクターから穴の大きさや形の指示を受けて、僕たち若手は穴を掘る。マンモスを見つけたとき、槍《やり》の使い方も知らない僕は銅鑼《どら》を叩く手伝いくらいは出来ただろう。銅鑼でマンモスを興奮させて穴に追い込む。見事穴に落ちたマンモスの急所をディレクターや営業課長が槍で突いて仕留《しと》める。美味《おい》しい処《ところ》をディレクターや営業課長が取り、僕は尻尾《しっぽ》をおすそ分けでいただく。この尻尾こそが給料だと考えた。自分はまだマンモス捕獲の作戦を練る能力がないのだから、この尻尾をありがたく頂戴《ちょうだい》しようといつも思っていた。狩りの方法を学んで、尻尾をもらっていたのだ。

　こうしてものの見方をシンプルなものに還元すると、ものごとのコアな姿が見えてくる。

　先日、静岡県の教育委員の方々とお話をする機会があった。教育について考える機会をあらためていただき、シンプルに考えてみた。

　教育委員の方から「教育」という言葉を聞いたときに思い出したのは、以前テレビで見たシャチの姿だった。大きなシャチが海岸近くで泳ぐアザラシに襲いかかっていた。ところが軽く咬《か》んでは弱らせるだけで一気に咬み殺そうとしない。残酷なようだが、それは教育のためだった。子どもに狩りの訓練をさせるために、アザラシを弱らせていたのだ。シャチの子は大きな口をあけて、海に浮かぶアザラシめがけて何度も向かって行った。アザラシの側に立てば残酷な仕打ちに見えるが、シャチも生きるために必死なのだ。このことから僕は思う。子どもに「生きる力」を伝えることが教育ではないだろうか。

ただ人間にとっての「生きる力」とは何かを丁寧《ていねい》に考えなければならない。ある人は弱肉強食をイメージするだろうか。自然界が弱肉強食で出来ているという思想は偏狭《へんきょう》な見方だ。生態系の頂点に立つ動物が殺した草食動物の死体は、実は数多くの動植物を養っている。一方、頂点と言われるライオンや狼も、植物や草食動物に養われているのだ。自然界は人間の想像以上に複雑なバランスに支えられている。では人間社会の「生きる力」

とは何だろう。冷蔵庫を開ければ食べ物がある時代の子どもたちに、大切なものは「生きる力」だと語ってもピンとこないかもしれない。「生きる力」とは、ただ食べる力ではない。人間には知恵がある。今では弱肉強食という思想が人間の思い込みであり、エゴの身勝手な言い訳に使われていることを知ったように、「何が真実かを見分ける力」こそが「生きる力」になっていくことだろう。

# 人生は弱肉強食？

人生は弱肉強食だ!!
オレ様が一番だ!!
どうだっ オレ様が一番だ!!
尊敬しろっ!!
あれ～ 誰もいないと強いも弱いもなくなっちまう…
……
誰かいないとさびしい… 友だちほしい…

# 生きる力 Ⅱ

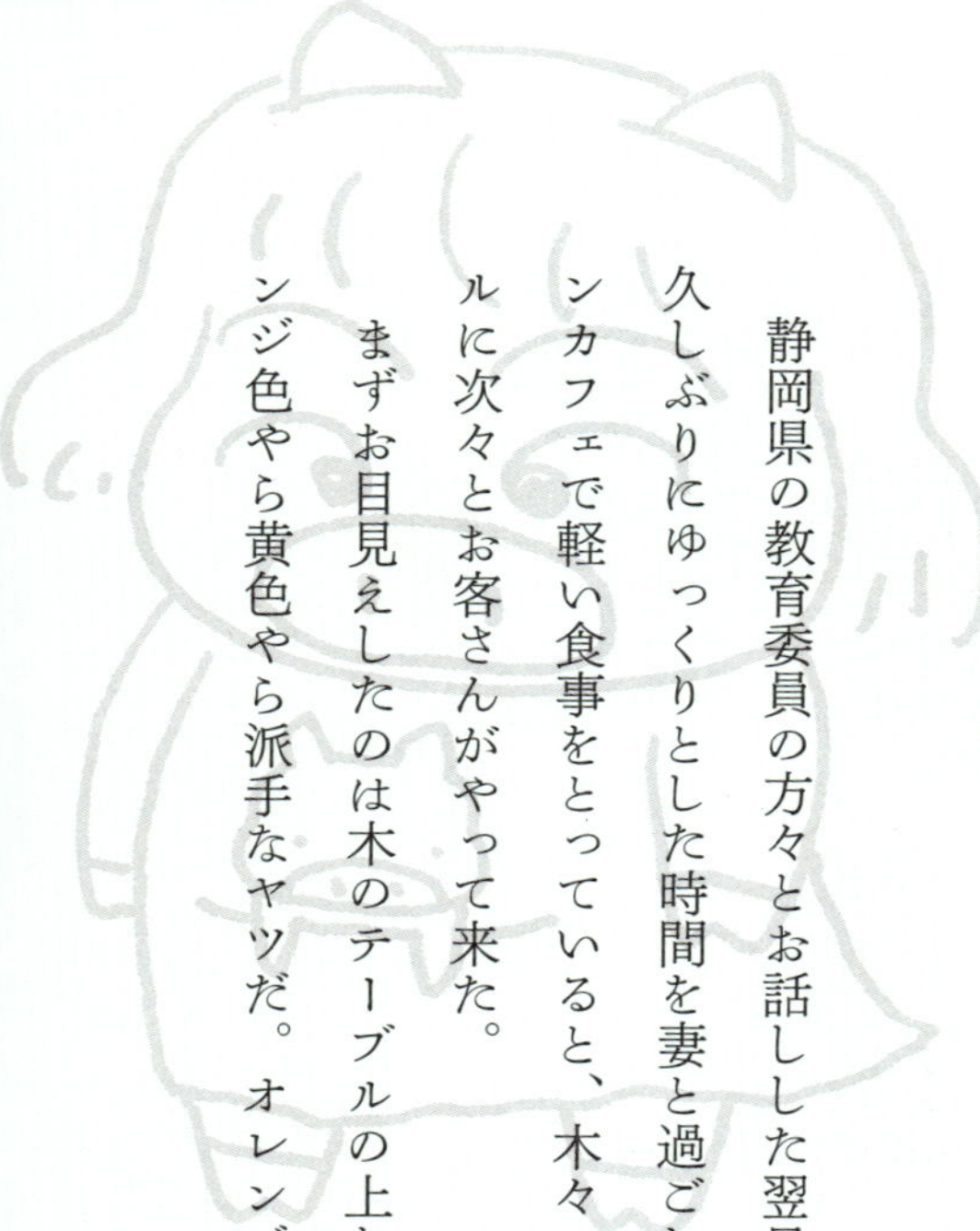

静岡県の教育委員の方々とお話しした翌日、ある丘の上にある美術館で久しぶりにゆっくりとした時間を妻と過ごした。林の中の美術館のオープンカフェで軽い食事をとっていると、木々の下に置かれた僕たちのテーブルに次々とお客さんがやって来た。

まずお目見えしたのは木のテーブルの上をはい回るケムシ。黒地にオレンジ色やら黄色やら派手なヤツだ。オレンジ色の頭にある二つの黒い模様

がマンガの目みたい。僕の座る椅子《いす》には色だけ親に似たナナホシテントウムシの幼虫が歩いている。妻の椅子には三葉虫のような虫。シデムシの幼虫かな。テーブルの足元を見ると、触角と胴体を忙しくくねらせて歩くムカデ。さらに木のデッキの床に音を立てて落ちてきたのは、鮮やかな緑色のイモムシ。痛そうな音！　再び足元を見ると枯れ枝……いや大きなシャクトリムシ。命あふれる楽しい食卓だった。

「楽しいって思うわたしたちだからいいけど、虫が嫌いな人たちがこの席に座るのは大変ね」

　妻が言うように、都会の清潔な店が好きな人たちや心配事で頭がいっぱいの人たちは、この木々の美しさやこの体験をどう思うだろう。

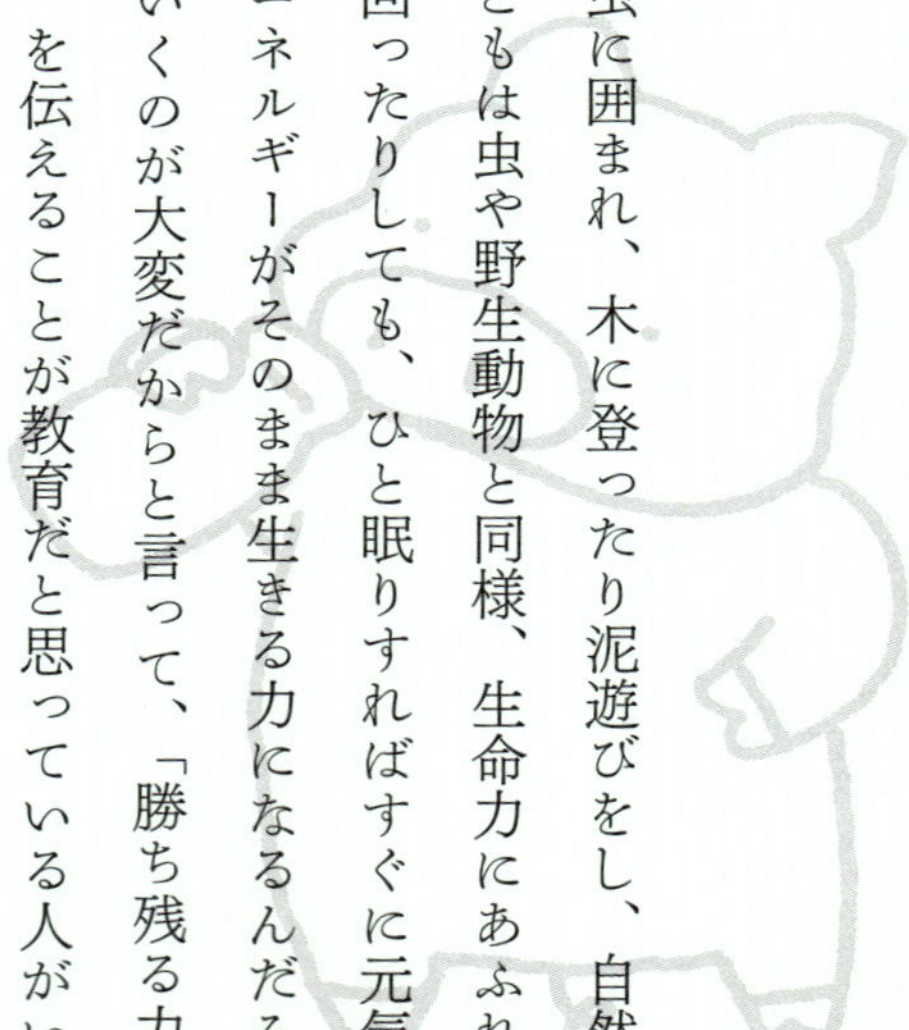

子どもの頃は虫に囲まれ、木に登ったり泥遊びをし、自然の中を走り回って遊んだ。子どもは虫や野生動物と同様、生命力にあふれている。一日中遊んだり走り回ったりしても、ひと眠りすればすぐに元気になったものだ。この生命のエネルギーがそのまま生きる力になるんだろうか。

世間は生きていくのが大変だからと言って、「勝ち残る力」や「うまく渡っていく能力」を伝えることが教育だと思っている人がいるけれど、本当にそれが「生きる力」を育てることになるんだろうか。そうした教育は、それを信じる大人の価値基準の型に、子どもたちをはめ込んでいく。下手をしたら子どものエネルギーを削りかねない。大人になって就職して、今度は会社から型にはめられて、さらにエネルギーを失う者もいる。あるいはエネルギーがねじ曲げられ、暴走してしまう者もいる。世間の尺度に合わせて生きる順応力が「生きる力」だろうか。嫉妬《しっと》したり騙《だま》したり争うのが世間であり、それが普通なんだと思わせることが「生きる力」を育てるだろうか。何ら批判する力がない、型にはまった子に育てることで「生きる力」が身につくだろうか。

内から湧《わ》きだすエネルギーは欲であり、それは興味あるものに熱中する力であり、情熱であり、向上心でもある。一方で、野心であり、憎悪《ぞうお》でもある。建設的であり、一方で破壊的でもある。芸術への力になり、犯罪への力にもなる。

社会の要求する型にはめられて、人は生命のエネルギーを磨耗《まもう》させられていくが、大人になって萎《しぼ》んでしまったエネルギーは、どうすれば戻せるのか。それは「何が真実かを見極めること」だと思う。それを怠《おこた》ると、生命のエネルギーを消耗してしまったり、破壊のエネルギーになってしまうのだ。僕は自然界から多様な生き方があることを学んだ。テーブルの周りに落ちてきた虫たちの思考に建設と破壊の基準などないことが、真実を知るヒントになるだろう。人生の真実を知ると、エネルギーは内側から自ずと湧いてくるものなんだ。

# 考えてばかりいるブタ

正しい人生ってなんでしょうか?
うーむ…
うーむ…
「人生について考えてばかりいるんじゃなくて…
生きなさいな

# 記憶と自分

「この辺は昔は静かでよかったよ」

「昔はそんな悪い奴はいなかったな」

なんでもかんでも「昔は良かった」という人がいる。この「昔」というのは、きっとその人の若い頃の話なんだろうけど、断片だけ思い出して良かったと言っているようだ。

例えば、昔は町の中でも景色が長閑《のどか》で良かったという。景色は良かった

かもしれないけど、舗装《ほそう》道路じゃないから風が吹けば砂ぼこりが舞い上がり目に砂が入って痛かったし、雨が降ればあちこちに水たまりができて歩きづらかった。道は凸凹《でこぼこ》で車の乗り心地がとてもひどかった。また上下水道が完備されていなかったり、医療が発達していなかった。便利さを重視する人は、昔は不便で汚かったと思うだろう。

でも電車は遅かったけど、遅い分旅を楽しめたという考えもある。また今ではどんな道もアスファルトで覆《おお》ってあるので、都会はヒートアイランド現象が起きて夏の暑さは異常だ。

人生を全部正確に覚えている人なんてほとんどいない。記憶なんて曖昧《あいまい》で穴だらけだ。いいところだけ思い出すと昔は良かったことになり、嫌なところだけ思い出すと昔はひどかったということになる。何を思い出すか、どこに視点を置くかで印象は変わる。

「今の歌はつまんないね。俺たちの若い頃の音楽は、みんなが歌えたもんだ」

人に記憶を語ってもらうと、何を大事に見ているかということと、好き嫌いが見えてくる。だから記憶はその人らしさにつながる。

ところで人生の体験には、覚えていていいことと忘れたほうがいいことがある。悲しい体験をしたとき、体験を生かすためには覚えていたほうがいいことがある。だが悲しいという感情は、いつまでも覚えていては先に進めない。感情的に大きな体験は記憶に残りやすい。だがあまりに辛いと記憶を消し去ってしまうこともあるらしい。

穴だらけの記憶だけど、体験して感じた「快《こころよ》い」記憶と「不快な」記憶が、生きていく上での判断基準になる。そうした記憶が積み重なって、心の有《あ》り様《よう》が形成されていく。

先ほど記憶がその人らしさにつながると言ったけど、記憶が集まったものが自我《じが》になるんだから当たり前のことだ。人はその自我を自分だと思っている。自分は男だとか女だとか、自分は背が高いとか低いとか、色白だとか肌がきれいとか、のんびりした性格だとか、辛い経験をしたら今度はしないようにしようとか、体験の記憶を集めて自我をつくりあげていく。死ぬまで完成しない。記憶は知識のコレクションであり、エゴでもある。

ということは、自分という意識は「過去」なんだな。過去を見ないで現在の自分を徹底《てってい》して見つめると、自分ってどこかへ消えちゃうみたいな気がする。

この「自分」の見方が人生にどう役立つかはわからない。役立つという言葉すら奇妙な気がする。

過去を一切消して、現在の自分を見ることは難しい。でも、現在そのものの自分と、自分の周りのすべてとの関係に気づく瞬間があって、それが僕の言うブとタのあいだなんだけど、うーん、ムズカシイかな。

# 記憶とプライド

プライドは
記憶から
やって来る
いいといわれる
会社にいるだの
いいといわれる
学校を出ただの
金持ちの国で
生まれ育っただの…
みんな
過去に
しがみついとる!!
わしなんか
過去にしがみつき
ようがないぞ!!
ぜぇ〜んぶ
忘れた!!

# 痛み止めの薬？

僕たちが風邪《かぜ》をひいたら、とりあえず風邪薬を飲む。歯が痛くなったら、とりあえず痛み止めの薬を飲む。

それと同じように、困ったことがあったら神様仏様にすがる人がいる。

神様仏様は痛み止めの薬なんだろうか。

日常的に神様や仏様の名前を唱えている人の中に、神仏をいつも飲んでいる常備薬みたいに「服用」している人がいる。また、信仰からふだん遠

ざかっている人も、本当に困ったことが起きると神様や仏様を思い出す。思い出して名前を唱える。これでは薬と神様仏様はそれほど変わらないようだ。

常備薬と思っている人にとって、神様仏様はタバコやテレビと変わらないかもしれない。時間を持て余すとタバコに火をつける。退屈という病気を患《わずら》うと習慣的にテレビのスイッチを入れる。あるいはケータイ電話に手が延《の》びる。神様仏様タバコテレビケータイ依存症。この依存症が進むと、神様仏様でもなかなか治すことはできないみたいだ。

歯が痛くてたまらないときは痛み止めを飲むのもいいだろう。でも虫歯の進行を止めることはできない。心が痛くてたまらないときも痛み止めは確かに有効だ。でも痛みを止めただけでは、根本は見えない。

虫歯が痛いとき、痛い歯の菌に蝕《むしば》まれた所を歯医者が削り取ったりして、手を加えないと虫歯は治らない。心が痛いときも、心の痛い部分を見つめないと根本的には治らない。人生が辛いときも、なぜ辛いのかをちゃんと見つめないと、人生の根本は見えない。

ただ、痛くてたまらないときは考えることができない。だから痛み止めを飲むのはいい。すると考えることができる。そのとき自分や人生の根本を見つめる好機が訪れるのに、多くの人は痛みが止まったことで満足してしまう。

「苦しみって何?」

「心って何？」

「自分って何？」

「人生って何？」

こうした疑問が自分の中から自然に湧き上がってきたとき、それは与えられた問題ではない。自分の魂《たましい》が欲している質問だ。だから苦しいときは、この問題の答えが見えてくるチャンスなんだ。

考えて、考えて、考え疲れて、何かをきっかけに思考が静止した瞬間、「自分って何？」という問いそのものが、「自分」だと知る。そのとき、問いと答えはひとつになり、質問が消えてしまうだろう。

僕たちが質問するとき、僕たちを離れて質問があることはなく、僕たち

と質問はひとつである。

僕たちが質問をやめると、質問はなくなる。

僕たちが歌を歌うとき、僕たちを離れて歌があることはなく、僕たちと歌はひとつである。

歌うのをやめると、歌は消える。

歌は存在するかと聞かれたら、否《いな》と答えざるをえないだろう。でも歌うと歌は生まれ、歌うのをやめると歌は消える。

そのようにして、僕たちが生きているときに人生がある。僕たちを離れて人生があることはなく、僕たちと人生はひとつである。

生きるのをやめると、人生はなくなる。

# 救ってくれるのは誰？

ボクを
ボクを絶望から救ってください
そんなことはできない
え〜冷たいじゃないですか
救うのはわたしじゃないよ
ぐび…
え？誰ですか？
おまえさんを救えるのはおまえさんしかいない

# 苦しみとのつきあい Ⅰ

このところ僕の周辺で、離婚や別居話が続いた。夫婦どちらもよく知っている場合、ふたり一緒に遊べなくなるのは寂しい。でもこれは僕の側の言い分。僕がとやかく言うことではない。半年以上離婚の知らせを報告できなかったり、別居してから報告してきたり、みんなそれぞれ悩んで苦しんで結論を出したようだ。

苦しみを味わうことなく生きていけたらという望みは、大抵の人が持つものだと思う。離婚の辛さを体験する人もいれば、結婚したくても結婚できないで苦しんでいる人もいる。また会社の上司や部下に苦しめられている人もいる。こうした人間関係のトラブルをはじめ、経済的な不安、仕事の苦しみ、事故や犯罪、テロや戦争などから無縁でいたいと願う。このどれからも逃れたとしても、病気や老化や死の不安から逃れることはできない。

人は苦しまないですむようにしようとしても、全く苦しまないでいることはなかなかできない。酒など心を麻痺《まひ》させるもので逃避したり、都合のいい解釈などといった心地いいものを心に与えることで、ある部分では成功する。でもほどなくして別の苦しみが襲ってくる。逃避や言い訳では根本的には解決しないのだ。では都合のいい解釈は誰がしている？　それは心がしている。苦しみは誰がつくり出している？　それも心がしていることなんだ。

苦しみは、親とか恋人とか会社の上司とか、そういった誰かがつくり出しているわけではない。誰かがつくっているなら、彼らがいなくなったら苦しみはなくなるはずだ。一時的にはなくなるかもしれない。だがまた別の苦しみがやってくる。ここで言いたいのは「苦しみ」そのものをつくっているのは誰かということだ。

心が苦しみをつくり出しているなら、自分自身の心の働きを丁寧に見つめ、自分を欺《あざむ》いている心というヤツの正体を見てみれば、苦しみとのつき合い方も見えてくるだろう。

でも心というのは厄介《やっかい》なヤツだ。自分を見つめていると思い込むだけでも、心は満足してしまう。自分が辛い体験をしているから、こういう体験をすれば成長できると安易に思うことでも、心は満足する。修行していると思い込むことでも、心は満足する。心は狡賢《ずるがしこ》いのだ。

僕たちの心では、何か幻想のようなものがつくられている。心を自由にすれば、目に入るものは、ただ目に入るものだ。耳で聞くものは、ただ耳で聞くものだ。ところが、僕たちは心に留めたものに概念というものをかぶせていく。丸いとか四角いとか、温かいとか冷たいとか、綺麗《きれい》とか汚いとか。美味しいとか不味《まず》いとか、善いとか悪いとか。そうした概念を固定していくことで、幻想が生まれる。夫とはなにか？　妻とは何か？　男とは？　女とは？　友人とは？　自分の概念の幻想を相手に押しつけていれば、双方《そうほう》に苦しみが生まれることだろう。

苦しんでいるときは、自分を欺く心が現われやすい。欺く心を知る絶好の機会だ。欺く心と、そのまんまの自分を見つけることが、苦しみの正体を知る出発点になる。見つかったそのまんまの自分が泣きたくなるような自分だったとしても、恥ずべきものではないことがわかるだろう。そうして、そのまんまの自分を受け入れることが、苦しみを変容させることだろう。

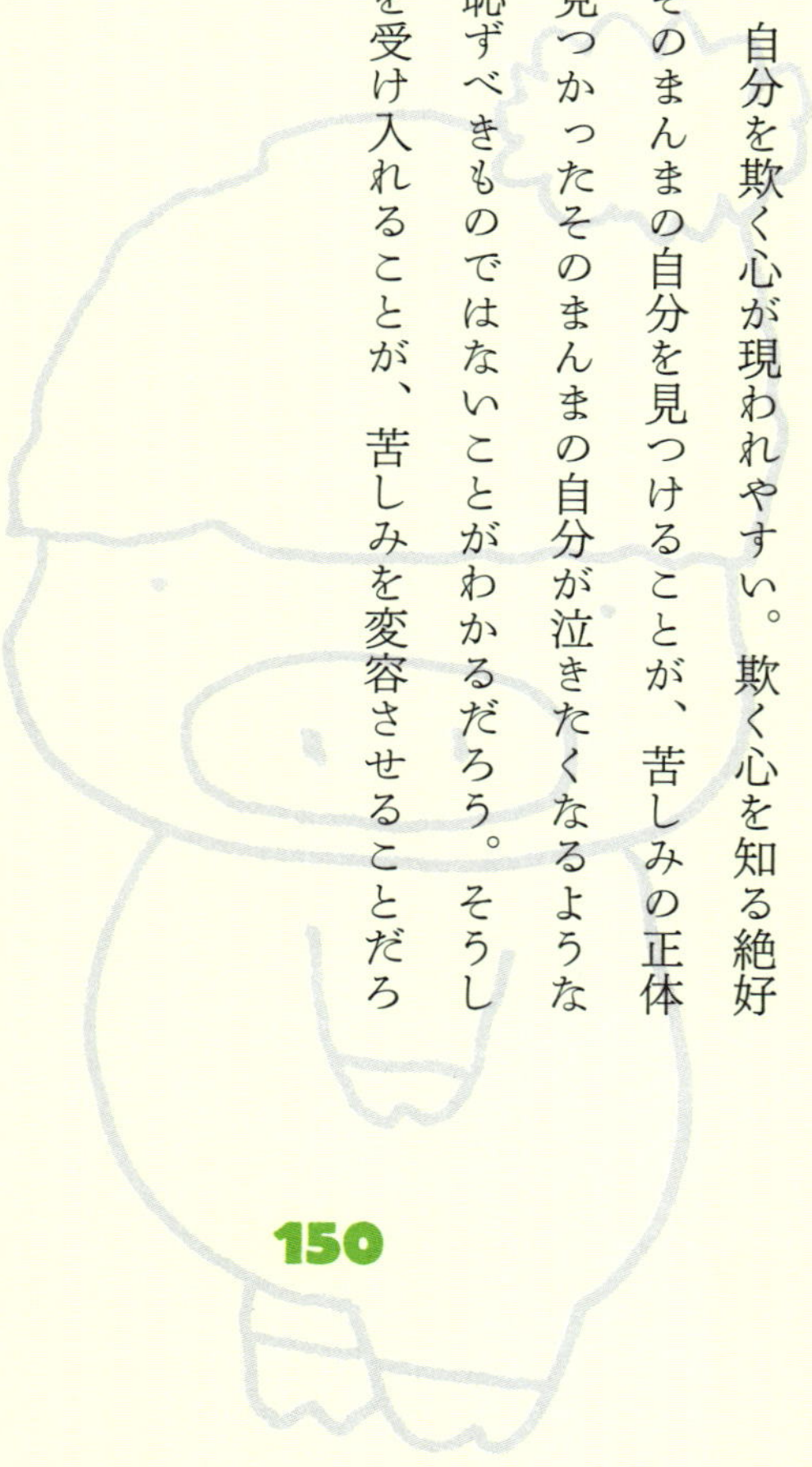

# 苦しめば見つかる?

何をしとるんだね?
苦しい思いをすれば真の喜びが見い出せると思いまして…
つめたい…
あっはっは 真の喜びだと? 欲深いやつだな
え? 苦しい修行をしているのに欲深いんですか?
氷の脳みそをますます固くしてどうして水のように自由になれる?
わかりました! 氷をとかせばいいんですね!
あ〜 気持ちいい…
これが真の喜びかなあ…

# 苦しみとのつきあい Ⅱ

「本当の自分が見つからない」というのは、自分の望みや居心地のいいところが見つからないという意味で使われているようだ。大きな苦しみではないけれど、燻《くすぶ》っている不満というのも危険をはらんでいる。

自分のやりたいことが見つからないと言って、就職しない若い人がいると聞く。「仕事を知らないうちから面白くないと言うのは早い、仕事はやっていくうちに面白くなっていくもんだ」という説教が聞こえてきそうだ。

自分を探したいのなら、何もない自分からは何も発見できないだろうから、まず自分をつくることから始めた方がよさそうだ。「自分」は経験から生まれる。以前にも言ったけど、「自分」とは、経験の記憶の集積だから。

ちょっと前の時代だったら、まず自活するために仕事を探した。「自分探し」などという余裕はなかった。アルバイトは時給が安かったし数多くなかったし、バイトで暮らすのは結構しんどかった。しかも僕が学校を卒業した頃はオイルショックの後で、就職口を探すのも大変だった。今、就職しようとしない人は、いろんな理由があるんだろう。自分のやりたいことがない、見つからないとか、ネクタイ締めるのがカッコ悪い、上司の言うことを聞きたくない等々……。就職しなくてもすんじゃうのは、バイトで何とか生活できる時代だから生まれた現象なんだろう。そうすることについて僕は否定しない。真剣に考えている人もいるし、自分の人生を他人まかせにしないで責任を持つのなら、就職しようとしまいとかまわないと思う。

ただ、ひとつ言えることがある。「本当の自分はこうじゃない……、自分を探したい」と言っても、ただ燻っているだけでは人生に対する不満はなくならないってこと。グズグズしている人は、心のどこかで自分を欺《あざむ》いているのを知っているんだろうけど。

それに「自分の希望、欲望探し」では、本当の意味での不満からの解放はない。近頃はどうも自分に価値があると思いたいとか、存在意義を自分に実感させたいとあがくことが「自分探し」になっている。勉強や仕事で褒《ほ》められることから、暴走族の暴走行為、宗教の修行での満足感まで、自分に自分の存在価値を認めさせる方法はいろいろある。でもどうしてそんなものが必要なんだろう。誰かが振り向いてくれるから？　自分を好きになるのに存在価値が必要なの？　そんなものなくても、そのまんまの自分でいいのに。どうしてそのまんまの自分ではいけないの？

自分に対する不満で自分を苦しめ、自分の置かれた状況の悪さを社会や他人のせいにして、自分を好きになる言い訳を探していく生き方はアブナイんだ。人は誰かが褒めてくれると自分の存在価値を感じてしまう。何も任《まか》されたことがない人が権威ある人から命令されて任されると、たとえそれがテロ行為でも、自分の存在価値を感じてしまう。困ったことに、人は自分を重要だと思いたいのだ。人生を丁寧《ていねい》に見つめたら、目の前にいる自分が重要でなくても、そのまんまで尊いと発見できる瞬間が訪れるというのに。

自分の存在を証明しようとすればするほど、自分を欺くエゴの罠《わな》にかかっていることに、そろそろ気づかなくっちゃ。

# 自分探しの旅

お出かけかい？
はい…自分探しの旅に出ます
あ～～忘れ物しとるよ
ポコッ
あいたっ
ほれ
自分を忘れとっただろが

# べき

ある男性と結婚の約束をしたAさんが、友だちのBさんから猛反対された。Bさんはこう言ったらしい。

「何で相談しなかったの！　友達だったら何でも話すべきよっ！」

Aさんは怒り、二人は言い合いになった。

ところで言い合いの原因は婚約のことだと思いますか？　Aさんが怒ったのは婚約を反対されたことではなく、「友達なら何でも話すべき」の

「べき」にあった。Bさんは友達というものに対して勝手な理想を持っていて、それが「べき」という言葉に表れている。Bさんの理想と、自分の結婚は自分で決めるというAさんの考えがぶつかり、言い合いになったんだ。Bさんは「べき」に振り回されて怒っている。心の混乱を招く「べき」には注意したい。

様々な「べき」が僕たちの心を混乱させている。「べき」は、人の心を縛り、心を病む原因になることがある。

「女は料理ができなきゃおかしい。料理は女がつくるべきだ」

「妻は夫に従うべきだ」

過去の習慣や制度から、こんな考え方を持つ男性がいる。男性ばかりか

女性の中にもそうあるべきだと思い込んで、料理下手で悩んでいる人がいる。夫に意見できなくて、ただ不満をため込んでいく人もいる。

「学校は、毎日ちゃんと行くべきだ」

学校で辛いことがあるのに、親に言えない、でも学校に行かなきゃいけない――そう思っている子どもが、「行くべき」と「行きたくない」の葛藤に苦しみ、心の病気になってしまう。

「会社員は、上司に逆らうべきでない」

上司からの無茶な命令に逆らえず、心の病になる会社員がいる。置かれた環境から逃避したい心の痛みが、体の病気の原因にまでなる。

こうした「べき」に囚われて苦しむのは、他人との関係が原因のようにも見えるが、自分は本来こうあるべきではないかという自分の理想像と現実の自分とのギャップも原因だ。

「べき」は現実ではない。架空のものである。架空のものに自分を一致させようとしても苦しいだろう。「べき」に囚われて、自分以外の何かになろうとしているようだ。

僕たちの様々な葛藤は何かになりたいと欲するところから生まれている。自分の人生に、こういう自分はカッコイイかと訊ねてみて、人生からの返事が思ったものと違っていたら、それが葛藤になる。なりたがっている自分の姿とそのまんまの自分の姿の間に葛藤が生まれる。他人にこうなってほしいと自分の理想を押しつけると、不満やもめごとが生まれる。

まず大切なのは、あるべき自分やなりたい自分をめざして将来満足しようとすることではなくて、現在のそのまんまの自分なんじゃないだろうか。その姿が望ましいか、望ましくないかはどうであれ、そのまんまの自分を知って、理解することが大切なんだと思う。あるべき自分から自由になって、自分自身を非難したり正当化したりすることをやめたら、つまり評価を入れることなくただ眺めることができたら、そこにそのまんまの自分がいる。それが望ましい自分ではなくても、いとおしい自分なんだと思う。そのまんまの自分をただ見ることができたら、くつろぎの心が生まれてくるだろう。

# ハムレットのまんま

生きるべきか
死ぬべきか…
それが問題だ
どーしよう…
こうすべきって
考えるから
悩むんだよ
え？
まんまって
考えて
ごらんよ
まんま？
生きるまんま
死ぬまんま
…そうか

# 名前の魔力

苦しみは、自分が見ている自分のイメージや世界観が生み出している。真実と、自分勝手な自己像や世界観との摩《ま》擦《さつ》が苦しみなんだ。こう今まで語ってきた。

この本の初めの頃に語ったけど、勝手なイメージをつくる要因に、先入観やパターンに当てはめて見てしまうということがある。

今回語るのは、「名前」を知ることから僕たちのものの見方の偏《かたよ》りが始

まるということ。

例えば一九七〇年代までだったか「裏日本」という言葉があった。天気予報番組で、太平洋側を表日本、日本海側を裏日本と呼んでいた。日本を表と裏に発想することが驚きだが、裏日本という言葉でなんだか寂しい地域のようにイメージづけられてしまったのだ。同様に「後進国」という言葉があった。「発展途上国」という言葉に置き換えられたけど、「発展途上」という言葉も、発展することを良しとする思想から生まれている。この言葉はその国に住む人々のことまでも発展途上だというイメージを持たせてしまうおそれがある。このように、ある名前を冠《かん》せられると、イメージも冠せられるおそれがある。

「昨日、外科の先生と会いました」……と書くと、まだ多くの人は男性を思い浮かべる。ほら、名前を冠せられて、イメージも冠しているでしょう。「男医」という言葉を聞かない。「女医」という言葉は仕事をする女性が少ない時代につくられた名詞だということがわかる。

もっと驚く例をあげると、僕たち自身についている名前。この名前があるから、僕という人間が確固《かっこ》たる存在として継続していると認識しやすい。以前、同窓会でI君という男と二十五年ぶりに会った。「俺が知っているお前は、K子といつも一緒にいたお前だよ」と言ったら、「そうか、それ以来会ってないんだもんな。そりゃオソロシイことだ」と呆《あき》れるやら笑うやら。名前があるおかげで彼と認識しやすいけど、つい昔の彼の姿で今の彼を見てしまいがちになる。

僕にも名前があるから、僕にとっても僕じゃない他人にとっても、僕はずっと続いていると認識しやすい。僕は同じ僕がずっと続いているわけじゃない。生物学的に見ても僕の細胞は、日々生まれては死んでいる。生まれた頃とはすっかり入れ替わっている。僕という概念がずっと続いているように感じているだけだ。

動物たちに名前の認識はない。本来僕にも名前はない。名前がついて自分のイメージをつくりやすくする。名前は僕がずっと存在することを保証してくれているようだ。僕も時間も継続ではなく、瞬間の連続と捉《とら》えると、全く違う感覚で見ることが出来る。

椅子の本質は椅子という名詞ではない。木やアルミでもない。椅子は椅子という概念。木の切り株も椅子と言われると椅子になる。椅子と言われると安心して座ることが出来る。僕の本質も名前にはない。男という名詞や人間という名詞で語られるものでもない。僕の名前は僕の存在を証明してくれる書類のようなもので、頼りになるし安心出来る。

僕たちは名前をコレクションして、概念をつくりあげていく。僕たちは頭の中に名前を集めて、それに頼って生きている。

# 名前は態度を決める？

わしはちりめん問屋の光エ門《みつえもん》じゃ
おう じじいっ
ホントは前《さき》の副将軍水戸《みと》光圀《みつくに》じゃ
はは〜〜 これは失礼なことを…
ホントのホントはアイドル歌手のミッチーじゃ
きゃ〜〜っ ステキ！
おまえさん自分の生き方に疑問を感じないのか？

# エゴのからくり

それを部屋と呼んでいいかわからないけど、壁も窓も扉もない不思議な部屋があった。それはそのままで完璧な美しさだった。部屋の持ち主が思い切り動き回っても、ぶつかるものは何もなかった。あるときその持ち主は、部屋を意識しはじめた。そうして壁と扉と窓が生まれた。がらんとした部屋で過ごしているうちに何か飾る物が欲しくなった。一つの壺を見つけ、他の壺と比べてそれが欲しいと決めると、部屋の中に壺を持ち込んで

置いた。そのうち物足りなくなって、今度は美しいと感じた人形を置いた。こうして美しいと思える好みのものをどんどん集め、みるみるうちに部屋は物でいっぱいになった。部屋の持ち主は、大切な宝物を盗まれたくなくて、部屋の窓も扉も閉めてしまった。美しいものを集めたら美しい部屋になるはずだったが、部屋はただ物があふれる雑然とした部屋になった。部屋はかりそめの安心を与えてくれたが、動き回ることが不自由になってしまった。

わたしたちはこうやって、自分の中にエゴを集めていく。善いと悪いと美しいと醜《みにく》いをコレクションし、思い込みをコレクションし、確認と解釈をコレクションし、自分という証《あかし》をコレクションしていく。そのうち集めたコレクションに振り回されて、自由に思考できなくなっていく。

集めたコレクションをただ分析しても、本来の部屋は見えない。部屋は本来の自分であり、集めたコレクションは経験であり、嗜好《しこう》である。それをまとめて「自分」と言っている。この集めた物が部屋の中を占めていて、本当に安心できる本来の自分が見えなくなっている。自由に動き回ることが出来なくなっている。

悩んで苦しいとき、壺が邪魔になっている。集めた美しいと信じている多くのガラクタが邪魔になっている。壁が邪魔になっている。辛くなって自分を見つめ、自分の中のそのガラクタを見つめるうちに、エイヤッと放り投げたくなるときが来るかもしれない。

「こんな自分もうイヤだっ！」
このときがチャンス。ところが、エゴは狡賢《ずるがしこ》い奴だ。さらなる罠をしかけてくる。

こんな自分は嫌だといってガラクタを放り投げても、これまでと反対の価値観の美しい物が押し寄せてくる。その魅力に囚われて、またガラクタを集めてしまう。例えば物欲の辛さに気づいた者が、哲学や宗教的なものに囚われ、精神的な修行に自己満足するという新たなガラクタ集めだ。それが絶対的な安心を与えてくれないと分かると、また次のガラクタを探しはじめる。

国家や宗教団体、宗教教義にエゴを捧《ささ》げることで楽になる者がいる。自分で思考しなくてすむから楽になるだけだ。痛みのない奴隷《どれい》は楽なんだ。ところが、その国や宗教の悪口を言われるとたんに怒り出す。エゴが個人からその団体に移っただけなのだ。エゴを捨てたように見えて、捨てたという満足感に囚われる。この満足感もエゴなんだ。エゴは捨てたと思っても、しつこくまとわりついてくるのだ。

善くなろうという意思そのものもエゴなんだと気づくまで、苦しいあがきは続くだろう。そのエゴに気づいたとき、「そのまんま」とか「あるがまま」という本当の意味が見えるだろう。

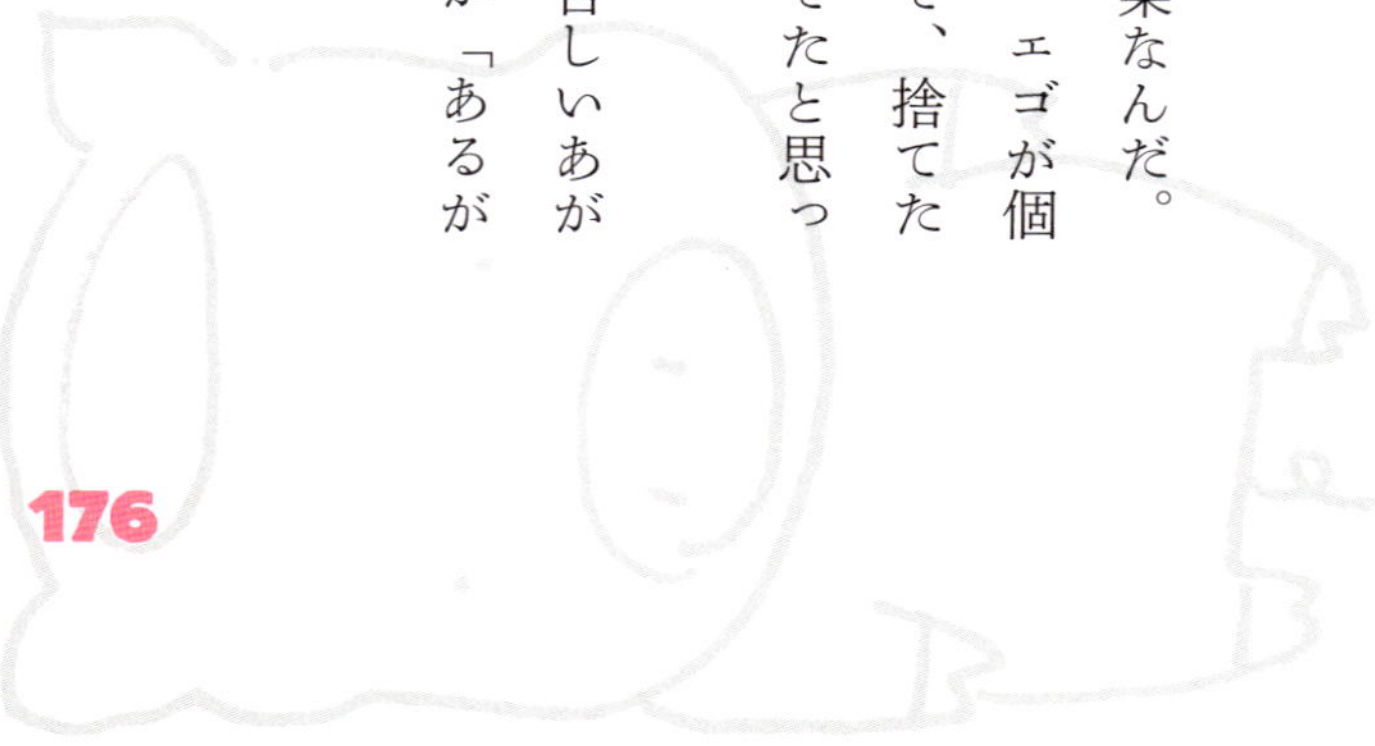

# エゴの皮をむくブタ

考えて考えて考えぬいて本当のボクを見つけるんだ!
本当のボクを見つけたぞ!
あれ…?まだ本当のボクがいる….
本当のボク…

# そのまんま

努力するなと言ったら、教育関係の方々からお叱りを受けるだろうか。

僕がこの本を通じて語っている基本は、根本的なものの見方を見つけるためには、何かになろうと努力することや「こうすべき」と決めつけることなどが邪魔になりますよ、と言っているのです。

努力して何かに向かおうとするのは、今の自分ではない何かになろうとすること。つまり「理想」に近づこうとする行為。でも、「理想」は僕た

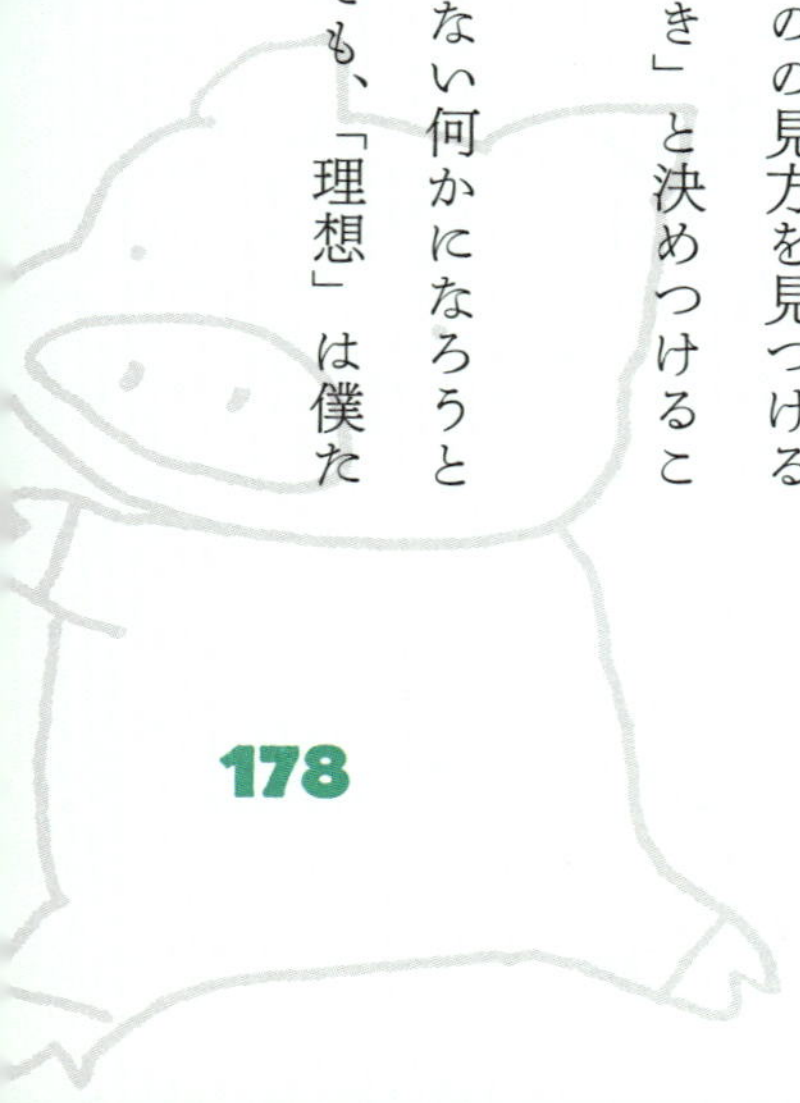

ちの心に緊張と葛藤をもたらす。自分はそのまんまで素敵な存在なのに、別の何かになりたくて、なれなければ自分を愛せなくなってしまう。それは悲しいことでしょう。何かになれてもなれなくても愛せる自分がいるという、そのまんまで自分は愛すべき存在なのだということを知らないのはそれこそ不幸だ。

「そのまんま」と「なりたいもの」のあいだで緊張が生まれ、葛藤する。理想を持つと、現実の僕たちは惨めな思いをする。これを「〝ある〟と〝なる〟の闘い」と僕は呼んでいる。

葛藤というのは必ず二つ以上のもののあいだに存在する。自分の「そのまんま」と、誰かから押しつけられた理想のあいだで起きているのか。自分の思う「人はこうあるべき」姿と他人の行動が違っていて起きているのか。あるいは「そのまんまの自分」と自分が思い描く「あるべき自分」のあいだで起きているのか。どう思う？

まず「そのまんまの自分」を評価を入れないで、ただ眺めてみよう。難しいけど。

そのまんまというのは、何もしないということじゃない。何かをするのもそのまんまだし、何もしないのもそのまんま。何かして、何かになってもいい。何者にもなれなくてもいい。何もしないというそのまんまを選ぶのもいい。何もしなければ何者にもなれない可能性が高いことを知っているのならいい。何もしない道を選んで、人生の可能性を狭めるのも選択。

辛い道を選ぶのがいいのならそれもいい。また、何もしないのは幸運を待っているからだという人もいる。幸運だけを待っているのはあつかましいと知っているのならいいと思う。幸運が来なくて他人を羨《うらや》むのは間違っている。それに実力を備えていなければ、幸運が来たときにそれを摑《つか》めない。また、他人を思いどおりに支配して自分が楽になろうという道を選んだとしても、いつまでもそれは続くわけではないだろう。人生というのはそれほど単純なものじゃない。

自分の「そのまんま」がどういう結果をもたらすのか、予測して覚悟しているのならいい。でも問題は結果じゃない。何かになろうとすることは、何かを持とうとすること。財産や、地位、肩書きなどを持つだけで幸福が得られるだろうか。これは常識に訴えているわけではない。持つことがいいとか悪いとか言っているわけではない。ただ、多く持つことを目的とすることが人生を複雑にし、混乱と不幸を招いているのはわかるだろう。

人生にはただ、そのまんまがある。

何かをしても、何もしなくても、人生にはただ、そのまんまがある。

僕たちは、日々、刻々の体験を眺めるだけだ。そのまんまというのはそういうことだ。

そのまんまを体全体で感じたとき、僕たちには本来の自分と人生が見えてくる。

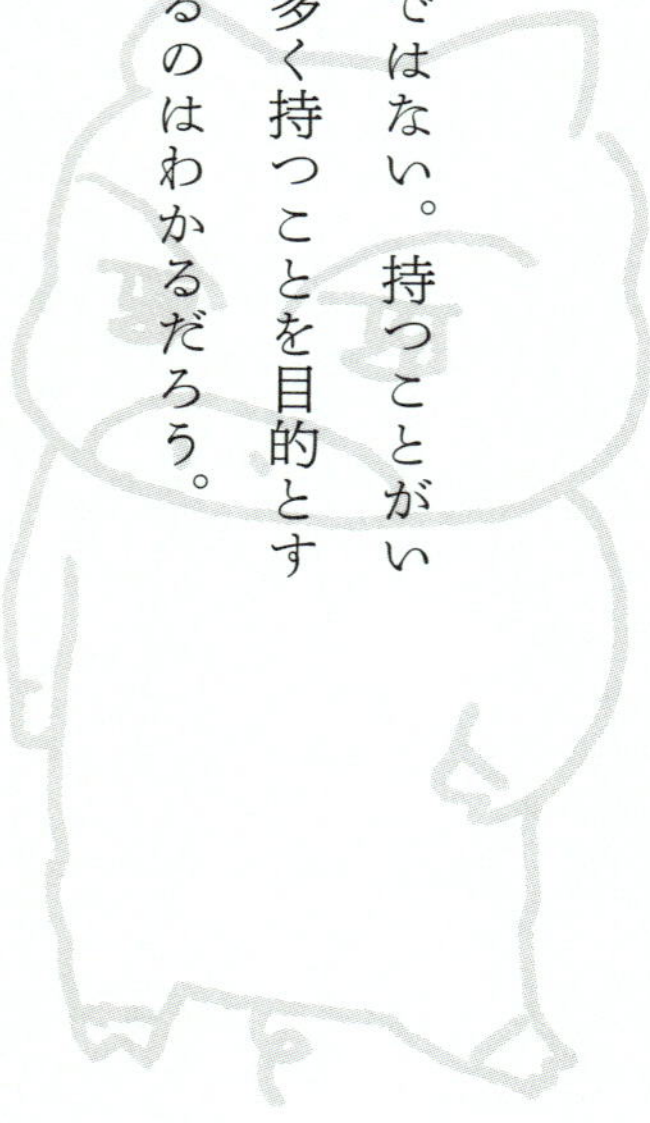

# そのまんまを生きる

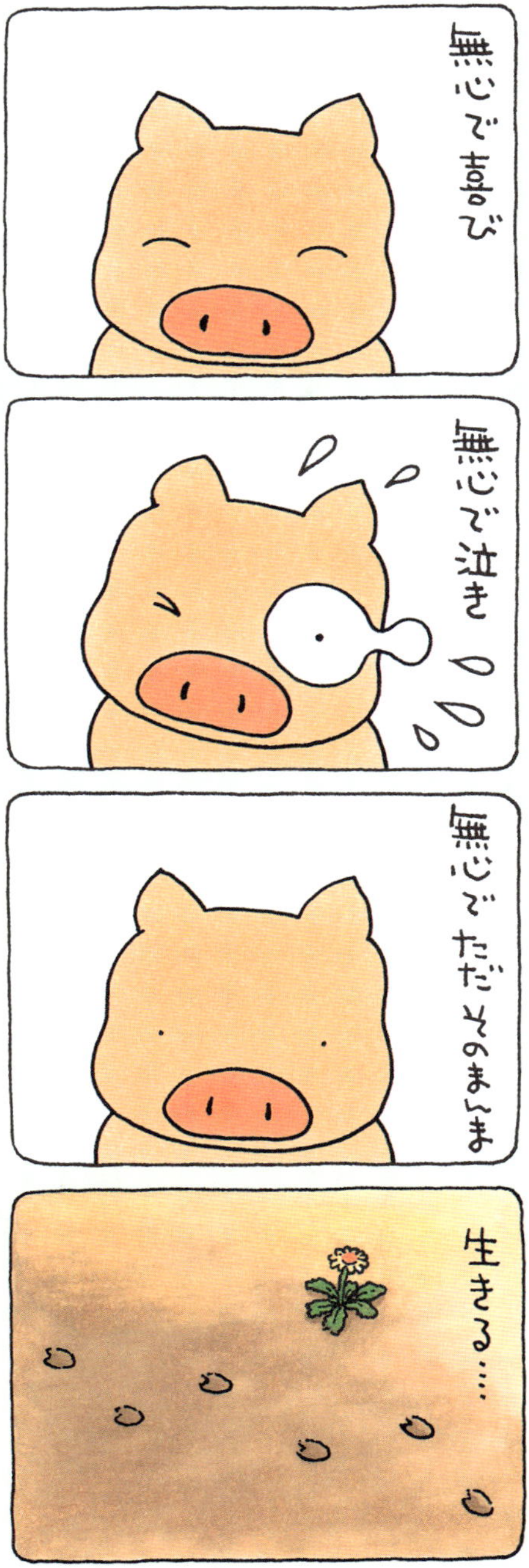
無心で喜び
無心で泣き
無心でただそのまんま
生きる……

# 奇跡も魔法もなく

これまで語ったことから、僕たちの心というヤツはいろんな手を使って自分を騙《だま》しているんだと感じてもらえただろうか。本当にそうかどうかを知るには、いろいろしんどい思いをして疲れ果てて、力を抜いて自分を見てみるといい。自分を騙している自分に体全体で気づくことだろう。

気づくと、苦しみはなくならないけど、以前のように苦しみに振り回されることはあまりなくなるし、少なくともこじらせなくなるだろう。自分

を騙していたことに体全体で気づくと、自分を笑いながら見ることができるだろう。

僕たちの心が苦しいとき、誰かが奇跡を起こしてくれたり、魔法で助けてくれるだろうか。

最近流行《はや》りの映画やテレビドラマのように、死んでしまった愛する人は蘇《よみがえ》ることはないし、時間が戻ったりすることもない。魔法使いが現われることもない。僕たちの心が苦しいとき、自分を助けるのは魔法や奇跡ではなく、自分しかいない。助言を受けても、決断するのは自分しかいない。いや、奇跡や魔法がなくても、僕たちは自分を救う力を実はみんな持っているんだ。

自分を救う力は、自分に疑問を持つ知恵だ。

自分はこうありたい、自分はこうに違いない、自分はこうあるべきなど、自分の理想や幻想に囚われて自分の真の姿に気づかないと、僕たちは自分をさげすんだり高慢《こうまん》になったりする。自分をそのまんま見るのではなく、自分に評価を入れて見ているからだ。その評価を基準に自分を好きになったり嫌いになったりして振り回されている。

僕たちは、そのまんまというシンプルな本来の自分を見つけなおすことが、まず必要なんだ。

欲《ほ》しがりの苦しみは、欲しいものが手に入らない苦しみではなく、とめどのない「もっと」という渇望《かつぼう》だ。欲しかったものが手に入ってもすぐ飽

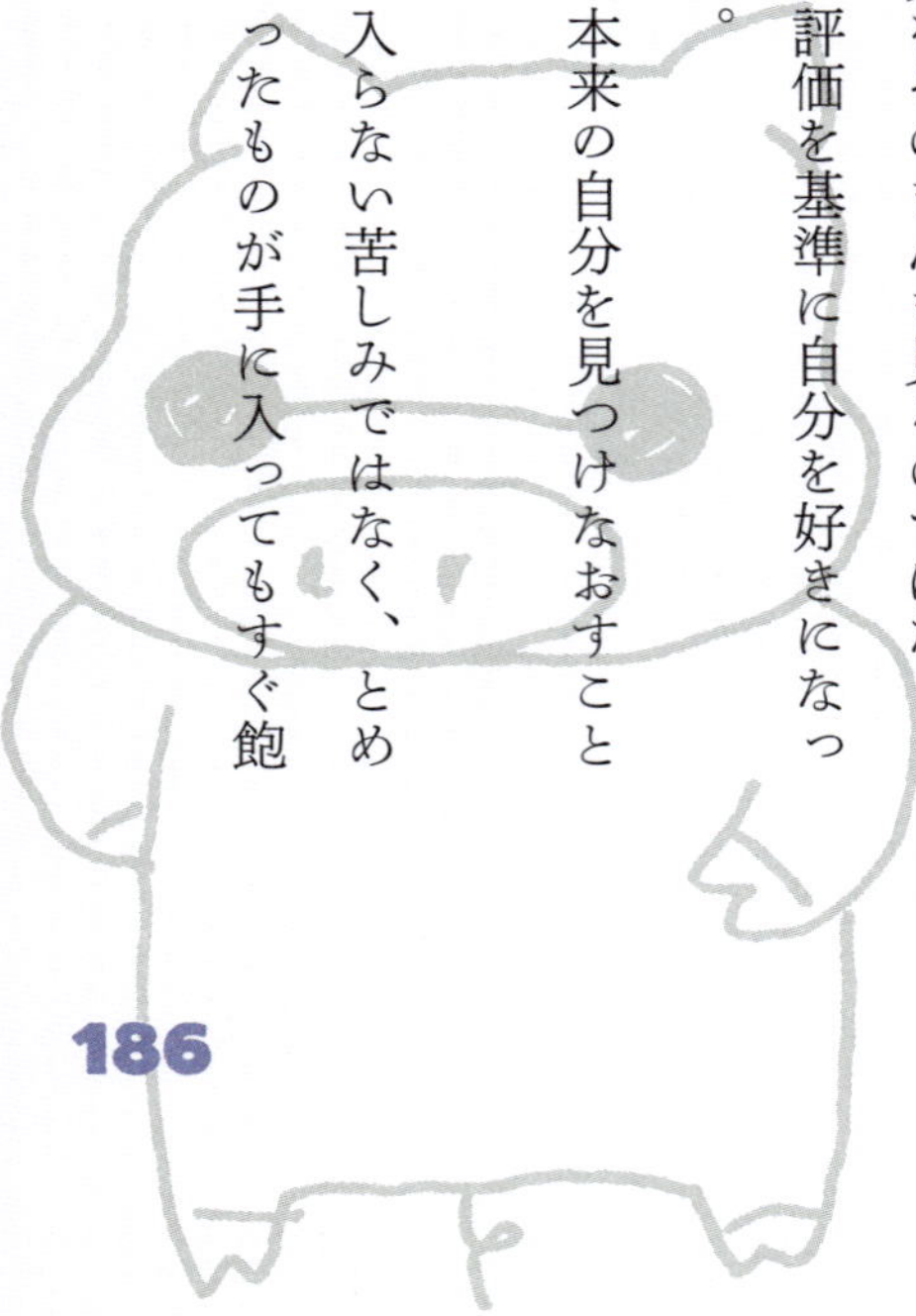

きたり、満足しない苦しみだ。

不満足な状況がくりかえされると、諦《あきら》める者がいる。限界と思い、今度は新しいことに見向きもしない。不満を感じながら自分の殻に閉じこもる。

分別が出来て、苦しみを少なくして楽しいことをしようと努力する者もいる。でも悩みはつきない。病もあれば老いや死の不安もある。

様々な不安を取り除きたくて、富や名声を追求する者がいる。でも人間の心に潜《ひそ》む不安は変わらない。社会的に成功しても、地位に安住しようとやっきになるし、自分の好きでないものは寄せつけなくなるだろう。気がつくと近くにいる人間はイエスマンだけだ。

社会的に成功したあとで、仏門やキリスト教の門を叩いて、精神的に満足しようとする。そこに真の救いはあるだろうか。

　これらすべてがエゴのなせる業だ。

すべてに疑問を持つ知恵が必要になる。自分が気づいた喜びにさえ疑問を持つと、エゴの罠に気づき、自分が見ているものすべては自分が勝手に観念でつくり出していることに気づく。自分の内と外に分けて、自分と世界を切り離していることに気づく。自分と世界のあいだにあるもの。それは、比較してものを見る習慣であり、ブとタのあいだというのはそういう意味なんだ。世界観と様々な問題をつくり出していたのは自分だと気づいたとき、自分と世界をそのまんま受け容れなければならないことに気づくだろう。

## ブとタのあいだ

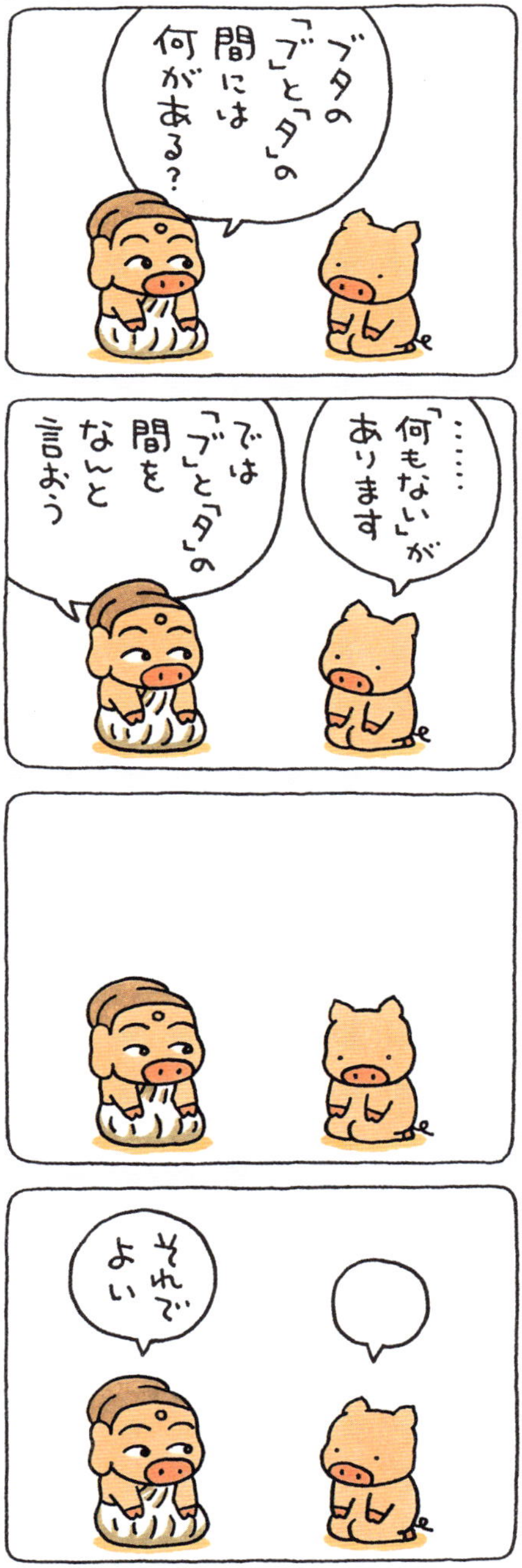
ブタの「ブ」と「タ」の間には何がある？
……「何もない」があります
では「ブ」と「タ」の間をなんと言おう
それでよい

# あとがきにかえて

そのまんま讃

悟っていようと
悟っていまいと
そのまんま

泣いてそのまんま
笑ってそのまんま
歩いてそのまんま
立ち止まってそのまんま
友と語ってそのまんま
子どもが生まれてそのまんま
父が逝《い》ってそのまんま
母が逝ってそのまんま
友が逝ってそのまんま
行きも帰りもそのまんま

泣きたいときは泣けばいい
笑いたいなら笑えばいい
泣くときはしっかりと泣き
笑うときはしっかりと笑い
食べたいときはしっかりと食べ
茶を飲むときはしっかりと飲む

自分を知らぬと迷っていく
迷うからこそ気づきがある

騒ぐ心を御《ぎょ》そうとすれば
心はますます暴れてく
騒ぐ心に目をやると
心の正体見えてくる
見られた心はかたちなく
確かなものはどこにもない
ふりまわすのは心なのか
ふりまわすのは自分なのか
心は自分ではなく
自分は心ではない

自分をさがしても見つからないが
見つけようとする自分がいる
あるはない
ないはある
内は外
外は内
踊りをやめると踊りは消える
眠りから覚めると眠りは消える
自分が消えると世界も消える
世界がなければ自分はない

この世はふたつに分かれていない
ひとつは全部で全部はひとつ
分別《ふんべつ》があっては全体は見えない
自分にとらわれてはますます遠のく
悟ろうと思う前は悟っているが
悟ったと思えば悟りはない

昨日は死んだ時間
明日は生まれてない時間
今だけがただそのまんま

そのまんまに気づき
そのまんまを知り
そのまんまを喜び
そのまんまの覚悟が生まれ
そのまんまを生きる

今ここがそのまんま
そのまんまがあるだけ
そのまんまを生きるだけ

著者略歴

1953年浜松市生まれ。武蔵野美術大学卒業。93年に『ブッタとシッタカブッタ』を発表。99年に『ブッタとシッタカブッタ3・なぁんでもないよ』で第45回文藝春秋漫画賞受賞。『大掴源氏物語　まろ、ん？』（幻冬舎）で第6回文化庁メディア芸術祭優秀賞受賞。主な著書に『愛のシッタカブッタ』『ブタのふところ』『戦争で死んだ兵士のこと』（以上メディアファクトリー）、『コブタの気持ちもわかってよ』『シュークリーム』『ドッポたち　ちがっててもへいきだよ』『ドッポたち　シアワセのもと』（以上幻冬舎）、短編小説集『四月天才』（文春文庫）、『百年草物語』（文藝春秋）など。読売新聞夕刊に『ドッポたち』を連載中。

# ブとタのあいだ

2007年　2月16日　初版第1刷発行

著　者　　小泉吉宏
発行者　　清水能子

発行所　　株式会社 メディアファクトリー
〒104-0061 東京都中央区銀座8-4-17
電　話　　0570-002-001（カスタマーセンター）
　　　　　03-5469-4740（編集）

印刷製本　図書印刷株式会社
製版ディレクター　佐野正幸
装　丁　　祖父江 慎+佐藤亜沙美（コズフィッシュ）
Special thanks　金松俊一　片山智也　山城七歩


ISBN978-4-8401-1807-1　Printed in Japan

# 小泉吉宏「心」を語るベストセラーマンガ

メディアファクトリー刊

## ブッタとシッタカブッタ ❶
### こたえはボクにある

人生の答えはどこに？　悩めるブタ、シッタカブッタのじたばたする姿から、笑いながら、幸福や不幸、悩みの正体を発見することでしょう。 定価**998**円

## ブッタとシッタカブッタ ❷
### そのまんまでいいよ

「ボクの人生、うまくいくかなぁ……」と、たくさんの悩めるブタが出てきます。自分の姿を見つけて、人生を発見することでしょう。 定価**998**円

## ブッタとシッタカブッタ ❸
### なぁんでもないよ

「この世界はあんたの心が作り出しているんだ」とブッタは言う。大切なのは、ものの見方の癖を知ること。第45回文藝春秋漫画賞受賞。 定価**998**円

## 愛のシッタカブッタ
### あけると気持ちがラクになる本

「ボクの愛を、どうしてわかってくれないの？」恋すると、つい思い込んでしまう心の動きの数々――。恋に悩む人へのギフト本。 定価**945**円

## ブタのいどころ

「そろそろ、考えなくっちゃ」シッタカブッタは、人生の見方をていねいに確認します。〈嫉妬〉など、24項目について考えます。 定価**998**円

## ブタのふところ

あたりまえのことを、あたりまえと思うにも覚悟がいる――。〈欲望〉など25項目について、ものの見方をていねいに見ていきます。 定価**998**円

## ブとタのあいだ

文章で読む「シッタカブッタ」。マンガだけでなく文章でも読みたい人に。シンプルな自分を見つけなおす29編の名論卓説＋マンガ。 定価**998**円

定価はすべて消費税5％を含む総額表記です。